EDIÇÕES BESTBOLSO
Sacco e Vanzetti

A obra de Howard Fast (1914-2003) é em grande parte marcada por sua origem judaica e pela intensa militância política. Durante o macarthismo, o escritor percorreu os Estados Unidos participando de movimentos sindicais e antifascistas. Em 1950, foi obrigado a cumprir três meses de prisão por recusar-se a fornecer ao Comitê de Atividades Antiamericanas dos EUA os nomes dos contribuintes de um hospital destinado a atender refugiados e feridos da Guerra Civil espanhola. *Spartacus*, sua obra mais famosa, começou a ser escrita na prisão, e em 1951 foi publicada a primeira edição, financiada pelo próprio autor. Em sua extensa obra devem ser também incluídos os romances policiais que escreveu sob o pseudônimo de E.V. Cunningham.

CB069019

HOWARD FAST

SACCO & VANZETTI

Tradução de
FERNANDO DE CASTRO FERRO

EDIÇÕES
BestBolso

CIP-BRASIL. CATALOGAÇÃO-NA-FONTE
SINDICATO NACIONAL DOS EDITORES DE LIVROS, RJ

F26p
Fast, Howard, 1914-2003
   Sacco e Vanzetti / Howard Fast; [tradução Fernando de
Castro Ferro]. – Rio de Janeiro: BestBolso, 2009.

   Tradução de: The Passion of Sacco and Vanzetti
   ISBN 978-85-7799-109-9

   1. Sacco, Nicola, 1891-1927 – Ficção. 2. Vanzetti, Bartolomeo,
1888-1927 – Ficção. 3. Romance americano. I. Ferro, Fernando
de Castro. II. Título.

09-0500

CDD: 813
CDU: 821.111(73)-3

Sacco e Vanzetti, de autoria de Howard Fast.
Título número 105 das Edições BestBolso.
Primeira edição impressa em abril de 2009.

Título original inglês:
THE PASSION OF SACCO AND VANZETTI

Copyright © 1953 by Howard Fast.
Publicado mediante acordo com Sterling Lord Literistic, Nova York,
Estados Unidos. Copyright da tradução © by Distribuidora Record de
Serviços de Imprensa S.A.
Direitos de reprodução da tradução cedidos para Edições BestBolso, um selo
da Editora Best Seller Ltda. Distribuidora Record de Serviços de Imprensa S. A.
e Editora Best Seller Ltda são empresas do Grupo Editorial Record.

www.edicoesbestbolso.com.br

Design de capa: Rafael Nobre com foto intitulada "Protestos contra a
condenação de Sacco e Vanzetti" (imagem utilizada no documentário
dirigido por Peter Miller: *Sacco and Vanzetti*, 2006).

Todos os direitos reservados. Proibida a reprodução, no todo ou em parte,
sem autorização prévia por escrito da editora, sejam quais forem os meios
empregados.

Direitos exclusivos de publicação em língua portuguesa para o Brasil em
formato bolso adquiridos pelas Edições BestBolso um selo da Editora Best
Seller Ltda. Rua Argentina 171 – 20921-380 Rio de Janeiro, RJ –
Tel.: 2585-2000 que se reserva a propriedade literária desta tradução.

Impresso no Brasil

ISBN 978-85-7799-109-9

PARA AQUELES corajosos americanos que tanto hoje quanto ontem têm preferido a prisão e mesmo a morte a traírem os princípios em que acreditavam, a terra que amavam ou as pessoas que neles confiaram.

Prólogo

No dia 15 de abril do ano de 1920 um assalto que teve por objetivo os pagamentos dos funcionários de uma empresa, e que foi cuidadosamente planejado e cruelmente executado, ocorreu na cidade de South Braintree, Massachusetts. Durante esse assalto, o caixa e um dos guardas foram mortos pelos bandidos.

Mais tarde, dois homens, Nicola Sacco, sapateiro, e Bartolomeo Vanzetti, ex-padeiro e então vendedor de peixe, foram presos e acusados desse roubo e dos assassinatos. Foram levados a julgamento em Dedham, Massachusetts, sob a acusação de assassinato, e considerados culpados pelo júri escolhido para o caso.

Segundo a lei do estado de Massachusetts, admitem-se apelos e requerimentos em casos semelhantes, antes de o juiz proferir a sentença. No caso de Sacco e Vanzetti, esses apelos e requerimentos estenderam-se durante um período de sete anos. A decisão do juiz que presidia o tribunal foi tomada só em 9 de abril de 1927, condenando os dois homens à morte, e ordenando que a sentença fosse executada em 10 de julho de 1927.

A execução dessa sentença, todavia, foi adiada, por diversas razões, para 22 de agosto de 1927.

1

Às seis horas da manhã começa o dia. Assim, ainda restam 18 horas até aquela hora a que chamam meia-noite e que, no espírito de muita gente, é o fim do dia.

Às seis horas da manhã, os animais cheiram e sentem o dia, enquanto os peixes se viram e mostram suas barrigas, olhando para a luz enevoada e cinzenta que cai sobre a água. Os pássaros, voando alto, podem ver a orla do sol e, na terra, a poeira mistura-se com a névoa da madrugada; e erguendo-se dessa névoa, como um castelo medieval, vê-se uma prisão de forma octogonal.

Nos muros da prisão, os guardas que se encontram de sentinela levantam seus sombrios e inexpressivos olhos para o dia. Os galos não tardarão a cantar e o sol surgirá de novo sobre a Terra. O guarda da prisão é um homem como todos os outros. Existem pensamentos que ele pensa e sonhos que ele sonha, mas ele também tem a consciência de que toda uma história de civilização, um som de ecos chicoteando, o separa da gente comum, como vocês ou eu. E, assim, ele é diferente, tendo-lhe sido confiadas tanto as melhores esperanças quanto os mais terríveis receios do homem, que ele deve guardar com seu fuzil e seu cassetete.

A essa mesma hora da manhã, dentro da prisão, na cela dos condenados à morte, um ladrão acordou. Os quase silenciosos murmúrios e palpitações de um lugar aquecido pelos primeiros raios do sol despertaram esse homem – que se estendeu sobre seu colchão, espreguiçando-se e sentindo o medo correr pelos ossos e pelo sangue, no mesmo momento que a consciência e o despertar para o novo dia se apoderaram dele.

Esse homem tinha o nome de Celestino Madeiros. Tinha 25 anos de idade, pouco mais do que um garoto, e sua aparência não era desagradável. Todos os horríveis anos de ódio e de violência tinham-no marcado bem menos do que poderiam ter feito. Tinha um nariz reto, uma boca larga, de lábios muito cheios e sobrancelhas quase retas. Seus olhos escuros estavam repletos de medo e de ansiedade.

Esse homem era Madeiros, o ladrão. Emergiu do sono para a consciência e, ao mesmo tempo, para o conhecimento de que aquele era o último dia que tinha sobre esta Terra.

O pensamento o fez estremecer e, agora, arrepios de frio corriam-lhe pelo corpo. Apesar de ser verão e de haver calor, o homem cobriu-se com uma manta numa tentativa de parar os arrepios e acender uma fogueira no seu próprio coração. Foi em vão, e os arrepios aumentavam, percorrendo-lhe o corpo sem cessar. E, assim, o homem despertou, banhado no frio do medo.

Primeiramente, Madeiros procurou tranqüilizar-se, convencendo-se de que estava em um lugar muito diferente; fechou os olhos e mergulhou nas suas memórias para que conseguisse acreditar que se encontrava em outro lugar, que ainda não era um homem de 25 anos; que era, de novo, um colegial em New Bedford, Massachusetts. Pensou nos seus tempos de escola. Viu-se sentado na sala de aula, onde o professor lhe ensinava aritmética, que ele aprendia muito depressa, pois sua mente sempre pudera lidar muito bem com números, e, depois, numa sala diferente, com outro professor, onde lhe ensinavam a escrever palavras na complicada língua que o pai e a mãe tinham escolhido para ele, da mesma forma como tinham escolhido a cidade de New

Bedford, o estado de Massachusetts e a América. E nessa sala de aula, com esse outro professor, ele era muito ruim, pois não conseguia habituar-se àquelas estranhas palavras.

Pensar nessa decisão de seus pais e na sua vinda para este estado de Massachusetts levou-o da sua visão da escola, uma vez mais, de volta à prisão. Por causa disso, começou amaldiçoando os pais pelo fato de não terem ficado nos Açores, onde todas as gerações de sua família tinham vivido antes de eles terem abandonado aquelas ilhas e de terem vindo para a América; e, então, quando compreendeu que estava, naquele último dia de sua vida, amaldiçoando os pais, seu pai e sua amada mãe, que o trouxeram a este mundo, o homem levantou-se da cama e caiu sobre os joelhos, começando a rezar.

O ladrão rezava pelos seus pecados. E pecados ele tinha muitos, mais do que o suficiente. Ele bebera, jogara, prostituíra-se, roubara e matara. O homem apertou as mãos diante do corpo, encostou o rosto na cama e, de joelhos, murmurou estas palavras, como se falasse com seus lençóis:

— Mãe de Deus, perdoe-me tudo o que fiz. Cometi todos os pecados que um homem pode cometer, mas quero ser perdoado. Durante todos estes dias e meses em que tenho pensado em mim e no meu destino, em tudo o que fiz e naquilo que me trouxe até aqui, vi que parte de tudo isso não foi por minha culpa. Terei eu alguma vez pedido para ser um companheiro do pecado? Tudo o que pedi, desde sempre, foi o perdão. Todo o resto aconteceu, mas o perdão foi o que eu pedi. Procurei corrigir tudo e transformar em bem o mal que fiz. Ninguém deve sofrer pelo que eu fiz. Confessei meu crime. Absolvi os outros dois, o sapateiro e o vendedor de peixe. Que mais posso eu fazer? Terei pedido para nascer? Terei pedido aos céus que me trouxessem para esta terra? Estou aqui e fiz o melhor ou o pior desse fato. E, agora, está tudo acabado. Só posso pedir perdão.

O homem terminou a oração, mas mesmo depois disso continuou murmurando seu nome, como se procurasse extrair alguma força mágica dele.

— Eu sou Celestino Madeiros — dizia.

E depois de ter dito e repetido seu nome pelo menos vinte vezes, o condenado encheu-se de desespero e com o rosto entre as mãos, começou a chorar. Chorava em silêncio, por saber que era muito cedo e por não desejar acordar os outros prisioneiros. Mas quem o tivesse visto ou escutado não poderia ter ficado insensível. Havia uma qualidade, na sua grande tristeza e no fim que o esperava, que não deixaria de comover o coração de quem quer que fosse.

Fora condenado a morrer na cadeira elétrica e naquela noite a sentença seria executada. Esse homem só vivera 25 anos, e desses poucos anos, um certo número fora passado na prisão; apesar disso, contudo, quanto mal ele conseguira praticar nesses poucos anos que vivera em liberdade!

Quando criança, fugira de casa, tão selvagem quanto um animal, cheio de ódio, de fúria e de desespero. Assim, foi crescendo, pobremente, ressentido e recalcado, nos becos sujos, primeiramente de New Bedford, Massachusetts, e, depois, em Providence, Rhode Island. Na escola, pouco aprendeu. Pensavam que ele era um imbecil e as outras crianças chamavam-lhe nomes, por causa da dificuldade que ele sempre tinha em aprender.

— Idiota... Cabeça vazia... Burro! — gritavam-lhe os colegas.

Mas a verdade era que seus olhos não viam bem e lhe doíam, quando ele tinha de olhar longa ou fixamente para qualquer coisa.

Foi então que ele começou a evitar a escola e aprender outras coisas. Aos 12 anos já roubava galpões e armazéns onde não havia guardas, e aos 14 assaltava trens de carga. Com 15 anos, já conhecia as táticas de um alcoviteiro e seguia a ética de um cáften. Vivia entre as casas de jogo e os prostíbulos, bebendo e saboreando longos goles da civilização que lhe fora concedida. Aos 17, já cometera cinco assaltos à mão armada. Meio ano depois, matou seu primeiro homem.

Esse Celestino Madeiros era, em resumo, um autêntico marginal. O que fizera dele um ladrão fora um complexo de circunstâncias intrincadas que ele mesmo não podia entender ou explicar, e que mais ninguém estava particularmente interessado em explicar. Ele vivia nos becos e nas ruas sujas da cidade; passara a fazer parte do cenário. Sempre que a polícia o prendia para investigações, ele era surrado pelo fato de ser perfeitamente claro que se tratava de um ladrão, um fato marcado, impresso nele, sendo portanto evidente que ele devia mesmo ser espancado. Assim, fazia todo o possível para não ser preso, para não ser surpreendido pela polícia, usando, para isso, a pouca habilidade de que dispunha.

Sempre que algum trabalho honesto lhe era oferecido, ele recusava. Não sabia trabalhar, da mesma forma como não sabia viver sem ser ladrão. Na realidade, encarava com medo e desprezo, horror e desconfiança o trabalho. Assim, quando se encontrava diante de alguma possibilidade de trabalho, acabava sempre por recuar e desaparecer.

Uma vez estabelecido esse padrão, tudo o que lhe ocorria era inevitável. As coisas aconteciam-lhe tão regularmente quanto o funcionamento de um relógio, e essas coisas que lhe surgiam pela frente eram a miserável lógica da sua existência. E a miserável lógica de sua existência era que mais cedo ou mais tarde ele viria a tomar parte num assassinato.

Foi graças então à miserável lógica da sua existência que com apenas 18 anos e um mês de idade foram procurá-lo em Providence, onde ele já se tornara conhecido. Sim, dois homens foram ao seu encontro. Eram homens de olhos duros e frios, de vidas diabólicas, que já tinham decidido que ele, Celestino Madeiros, era mais um da sua espécie. Foram ao seu encontro, portanto, e falaram-lhe de um assalto que haviam planejado e preparado, perguntando-lhe se queria participar dele.

Sim, respondeu-lhes ele, sim, queria tomar parte no assalto.

Havia muito dinheiro nesse trabalhinho. Se tomasse parte, então, sem dúvida, poderia passar a viver como um rei, com os bolsos cheios de dinheiro, o que lhe permitiria ter todas as drogas, toda a bebida, todas as mulheres que desejasse.

Sim – ele tomaria parte no assalto.

Um dia depois dessa conversa, em 15 de abril de 1920, esse ladrão, Celestino Madeiros, entrou num carro com mais três homens. Tomaram a direção norte, de Providence, Rhode Island, para a cidade de South Braintree, no estado de Massachusetts, onde chegaram pouco depois das três horas da tarde. Pararam o carro diante de uma fábrica de calçados. Dentro da fábrica, a folha de pagamento, de 15.776 dólares, estava sendo preparada. Os outros homens sabiam tudo a respeito da folha de pagamento, em virtude de terem seus contatos dentro da fábrica. Então, estacionaram o carro, esperando até que a folha ficasse pronta e que os dois guardas saíssem do edifício, transportando o dinheiro dentro de pesadas caixas de metal. Isso aconteceria um ou dois minutos antes das três horas. Quando esses dois guardas surgiram, dois dos homens que estavam dentro do carro saíram e aproximaram-se deles, assassinando-os a sangue-frio – sem mesmo lhes darem a possibilidade de se renderem ou de fugirem. Os dois assassinos levaram as caixas para dentro do carro, que arrancou imediatamente, partindo em fuga.

Tudo foi muito fácil para Madeiros. Teve apenas de ficar dentro do carro, com sua arma pronta para disparar. Dessa vez, não tivera de matar. Outros mataram em seu lugar. E quando o dinheiro foi dividido, ele ficou com quase 3 mil dólares.

Se a vida de Celestino Madeiros era inevitável, então sua morte era igualmente inevitável. Se escapasse de um crime, logo outro o alcançaria. E, assim, ali estava, sete anos mais tarde, com 25 anos, esperando sua execução na cela da morte.

A terrível ironia de tudo aquilo era que nesse mesmo dia dois outros homens seriam executados, dois homens que eram acusados do duplo assassinato de South Braintree – o assassinato que Madeiros presenciara, o assassinato de que Madeiros fora cúmplice.

Madeiros sabia disso. Conhecia os dois homens. Um deles era um sapateiro chamado Sacco. O outro era um vendedor de peixe, Vanzetti. Ambos eram trabalhadores italianos comuns, e o próprio Madeiros não era italiano, mas português. Contudo, sentia uma espécie de camaradagem, de comunhão com esses homens. Seu coração, angustiado e assustado, sofria por eles. Durante os anos que passara na prisão, Madeiros pensara muito profundamente nesses dois homens que tinham sido condenados à morte por um crime que não cometeram e com o qual nada tinham a ver, mas que ele próprio cometera e com o qual tivera muito a ver. Pensara, também, em muitas outras coisas, na prisão, muitas coisas além desse crime específico. Pensar, para ele, não era coisa fácil. Não possuía qualquer base racional de conhecimento em torno da qual pudesse reunir os pensamentos e, assim, seu processo de raciocínio era lento e doloroso. Em muitos casos, nem mesmo tinha qualquer significado claro ou conclusão lógica. Talvez seja possível dizer que aquilo que uma pessoa normal podia pensar em poucas horas levava, com Madeiros, muitas semanas para ser pensado.

De seus confusos pensamentos, todavia, começou emergindo uma centelha de compreensão da sua própria situação, da sua própria vida, do seu próprio destino e, também, alguma compreensão das forças irresistíveis que haviam atuado sobre ele e o levado, passo a passo, para aquele terrível fim. Desses seus pensamentos, pouco a pouco foi surgindo certo grau de piedade tanto por si próprio quanto por outros, e algumas vezes Madeiros chorava e, outras vezes, rezava. Em dado momento, durante um intervalo de oração, Madeiros compreendeu subitamente que não podia permitir que aqueles dois homens, Sacco e Vanzetti, morressem por um crime de que ambos eram inocentes, mas que ele próprio cometera. Uma vez tendo compreendido isso, uma espécie de paz desceu sobre ele, como se fosse uma libertação das tensões que sofria dentro de si. E, agora, tanto tempo depois, recordava bem a profunda serenidade com que escrevera sua primeira confissão e com que procurara enviá-la para um jornal que ele lia de vez em quando – o *Boston American*. Em vez de chegar ao jornal, porém, a confissão foi ter às mãos de um homem, o vice-xerife Curtis, que guardou a carta e procurou esquecê-la.

Madeiros, contudo, não queria que ela fosse esquecida e escreveu uma segunda confissão, que entregou a um preso que gozava de certas regalias por bom comportamento e que podia movimentar-se à vontade, e este, por sua vez, entregou-a a Nicola Sacco. Mais tarde, esse outro prisioneiro descreveu a Madeiros como Sacco lera a carta e como começara a tremer depois de lê-la, como, enfim, ele começara a soluçar, com as lágrimas a correr-lhe pelo rosto. E quando o pobre, desesperado Madeiros escutou aquelas palavras, seu coração encheu-se novamente de alegria, que foi uma vez mais dominado por um esplêndido sentimento de tranqüilidade e de paz.

Mas já tinham passado, desde então, muitos e muitos meses. Madeiros não sabia o que acontecera depois de sua confissão. Mas sabia, sim, que não mudara uma seqüência de acontecimentos já antes planejados, fossem eles acontecimentos que dissessem respeito a si mesmo ou que se referissem a Sacco e Vanzetti. Todos os três iam morrer. Ele, Celestino Madeiros, por crimes de que era culpado, mas o sapateiro e o vendedor de peixe por crimes de que eram inocentes...

O ladrão terminou suas orações e levantou-se, adiantando-se para a minúscula janela da cela, de onde ele podia olhar a nova luz de um novo dia. Na difusa névoa da manhã, Madeiros não podia ver mais do que uma ou outra seção do muro que rodeava a prisão. Mas sua imaginação ia além desses muros, e, súbita e momentaneamente, ele sentiu um surto de contentamento pelo fato de saber que naquele mesmo dia ia ser libertado e que sua alma voaria para o lugar de julgamento, fosse ele qual fosse, que a esperava. Esse surto de alegria, contudo, foi apenas passageiro. Morreu quase no mesmo instante em que nascera, e Madeiros voltou para sua cama, com o frio medo de novo como seu único companheiro.

Desejava rezar uma vez mais, mas não conseguia pensar em outras orações que fossem adequadas ou necessárias. Sentou-se na cama e escondeu o rosto nas mãos. Instantes depois, chorava novamente. As lágrimas vinham-lhe com mais facilidade do que as orações.

2

O diretor acordou de um sonho que não lhe era desconhecido. Havia alguns sonhos que se repetiam, noite após noite, como uma doença crônica, e na maioria desses sonhos os papéis eram invertidos, e ele, que era o diretor da prisão, transformava-se em prisioneiro, enquanto um prisioneiro assumia o lugar de diretor. Assim, acordou com o dia já bem claro, com o sol brilhando e uma visão do céu azul através da janela do seu quarto. Todavia, as pessoas, as cores e as palavras de seu sonho ainda continuavam mais perto dele do que a realidade de seu despertar.

No seu sonho, o diretor protestava sempre da mesma maneira. Sentia sempre o mesmo medo, a mesma terrível frustração. Nunca conseguia evitar discutir.

– Mas eu sou o diretor!
– Isso não vale nada.
– Mas você parece não compreender. Sou o diretor desta prisão.
– Quem não compreende é você. Como já lhe disse antes, isto, aqui, não vale nada. Não importa. Não importa mesmo...
– Quem é você?
– Também não importa. O que importa é sua própria situação... o que importa é que você fique quieto e que faça o que lhe dizem. Não crie problemas.

— Você não sabe o que está dizendo. Está falando com o diretor. Eu posso ir para onde quiser e fazer tudo o que muito bem desejar. Posso sair daqui sempre que quiser!

— Oh! Não, isso é que não pode! Você não pode sair desta prisão quando desejar. Você não pode sair, de jeito nenhum.

— É claro que posso.

— Você fala assim por causa da sua mania de grandeza. Mas a grandeza nada tem a ver com tudo isso, e nós não vamos tolerar seus delírios. Você está aqui, numa prisão. Só tem de fazer o que lhe dizem. Fique calado, escute as ordens, faça o que lhe disserem e talvez o deixemos ficar tranqüilo.

Esse era o diálogo habitual. Eles nunca acreditavam que ele era o diretor. Não importava quanto ele insistisse, argumentasse ou apresentasse esta ou aquela prova para documentar sua posição. Eles, por sua vez, apresentavam suas provas. Certa vez, no seu sonho, um deles perguntara-lhe:

— Quem é que decide, planeja ou sonha ser um guarda, um carcereiro ou mesmo um diretor de prisão? Uma criança pode desejar ser um bombeiro, policial, soldado, médico, advogado, cocheiro de uma carruagem puxada por quatro cavalos... mas quem é que já desejou ser um guarda ou o diretor de uma prisão?

Já acordado, o diretor refletia sobre a profunda verdade desse desafio, dessa pergunta que lhe surgia no seu sonho. Em certos momentos, quando sentia pena de si próprio, parecia-lhe que os homens que trabalhavam em prisão eram indivíduos levados ao sabor do vento para um destino que jamais fora de sua escolha. Aquela manhã, na verdade, era isso que ele queria acreditar. Acordara com uma dolorosa sensação de vazio. Em algum lugar, no seu sonho, perdera qualquer coisa pelo caminho, e não seria naquele dia que a iria encontrar de novo. Assim, procurou convencer-se de que aquele era um dia que ele não criara, nem ordenara.

Com tais pensamentos no espírito, sentou-se na sua cama, calçou os chinelos e foi lavar-se e barbear-se, para ficar com uma aparência mais adequada a um diretor de prisão. Fez um gargarejo e penteou-se, enquanto discutia consigo mesmo, dizendo-se que aquilo não ocorrera por sua culpa. Ao raciocinar assim, compreendeu de repente que cada uma das pessoas relacionadas com as execuções que naquele dia seriam realizadas estaria dizendo a mesma coisa; que cada uma dessas pessoas estaria absolvendo a si mesma. Sua própria absolvição era de mediana importância. Ele não era nem a mais importante, nem a menos importante pessoa relacionada com o caso. Ele era o diretor. Já era antes daquele dia e, indiscutivelmente, continuaria a ser depois. As coisas, então, ficariam um pouco mais calmas. Era preciso recordar que os seres humanos possuem uma grande facilidade para esquecer. Podiam esquecer o que quer que fosse. Jamais houvera um homem apaixonado que, com o tempo, não esquecesse seu grande amor, por mais sincero e profundo que esse amor tivesse sido. O diretor era, até certo ponto, um autêntico filósofo. Isso era uma doença da profissão, um mal inerente ao seu trabalho. Ele sabia perfeitamente que todos os diretores de prisão eram filósofos. Tal como sucedia com os velhos lobos-do-mar, o próprio navio que eles comandavam dava-lhes uma dignidade que contrastava grandemente com a tripulação e com os passageiros que se encontravam sob sua responsabilidade.

— Bem — disse ele, falando consigo mesmo, naquela manhã sem esperanças —, não vale a pena continuar pensando dessa maneira. Hoje é o dia que tinha de chegar, e em seu devido tempo o dia terminará. O que devo fazer é cuidar de tudo, preparar tudo o melhor possível e procurar fazer com que as coisas se passem de forma tão fácil e confortável quanto seja possível!

Acabou de vestir-se e decidiu que iria até a sala dos condenados à morte antes de tomar seu café-da-manhã. Atravessou o pátio e foi cumprimentado pelo chefe dos guardas e até por alguns dos presos de confiança, que realizavam pequenas tarefas na prisão. A vida matinal da prisão que ele governava já começara. Portas de metal abriam-se e fechavam-se com estrondo. Alguns prisioneiros passavam, empurrando carrinhos de mão carregados de roupa para lavar. O barulho de panelas e pratos, uma perfeita explosão de atividade escutava-se através das portas da cozinha e da padaria da prisão. Os corredores estavam sendo varridos, esfregados, lavados com água de lixívia. Àquela hora da manhã, um pouco depois das sete horas, os presos dirigiam-se para sua refeição matinal. O diretor escutou-lhes o martelar regimental dos pés, o som ensurdecedor de meio milhar de homens movendo-se em ritmo, de mil solas arrastando-se pelo solo de concreto. Pouco depois, o ruído característico de bandejas e colheres chegou-lhe aos ouvidos através das paredes e ao longo dos blocos de celas. Seus ouvidos estavam maravilhosamente habituados a todos os vários sons e ruídos da prisão, pois esses eram os sons e ruídos da sua vida. Nesse sentido, pelo menos, seu sonho era profundamente verdadeiro. Ele vivia toda a sua vida na prisão.

Chegou, finalmente, à ala onde se encontravam as celas dos condenados à morte. Decidiu ir falar com Vanzetti, e isso era natural, já que nunca era difícil falar com esse prisioneiro. Encaminhou-se para a cela dele, esfregando as mãos, bem-disposto, determinado, com um ar muito natural, disposto a não criar uma atmosfera de funeral. Falaria de um modo direto e objetivo, sem mostrar o que sentia ou criar o menor problema.

Vanzetti, que estava sentado na cama, já completamente vestido, levantou-se para receber o diretor. Os dois homens apertaram as mãos gravemente, com o maior respeito um pelo outro.

– Bom dia, Bartolomeo – disse o diretor. – Estou muito contente por vê-lo com tão boa aparência. Estou contente, mesmo.

– Talvez mais contente do que eu me sinto.

– Bem, é natural que não se sinta bem. Ninguém, no seu lugar, se sentiria muito contente.

– Suponho que isso seja verdade – respondeu Vanzetti, concordando. – Suponho que nunca se pensa muito antes de dizer uma coisa assim, mas isso nada muda. Continua sendo verdade. Há sempre muitas coisas que se dizem assim, sem pensar muito, o que não impede que sejam coisas verdadeiras e muito diretas.

O diretor observou-o com interesse. Sabia perfeitamente que ele próprio, se estivesse no lugar de Vanzetti, jamais poderia ter-se comportado daquela maneira. Estaria muito assustado, aterrorizado, sua voz estaria rouca, a garganta teria ficado apertada, engasgada, a pele estaria úmida e o corpo tremendo da cabeça aos pés. O diretor conhecia-se muito bem e sabia, sem a menor sombra de dúvida, que teria ficado assim, mas não era dessa forma que Vanzetti estava reagindo. Este parecia bastante calmo. Seus olhos profundos examinavam o diretor, como se estivessem avaliando-o. O denso bigode acrescentava-lhe uma nota excêntrica à aparência geral, enquanto o rosto melancólico, de ossos proeminentes, não parecia diferente, para o diretor, do que o fora em qualquer outra ocasião.

– O senhor já viu Sacco, esta manhã? – perguntou Vanzetti.

– Ainda não. Irei vê-lo um pouco mais tarde.

– Estou preocupado com ele. Está muito fraco, por causa daquela greve da fome. Está doente. Sim, preocupo-me muito com ele.

– Eu também – disse o diretor.

– Sim, é claro. De todo modo, acho que o senhor devia ir conversar um pouco com ele.

– Muito bem. Farei isso... Que mais gostaria que eu fizesse?

Subitamente, Vanzetti sorriu. Olhou para o diretor, de repente, como um homem adulto, experiente, que sorrisse a uma criança.

– O senhor quer mesmo saber o que eu gostaria que fizesse? – perguntou Vanzetti.

– Sim, se for algo que eu possa fazer – respondeu o diretor. – Não posso fazer tudo. Mas o que eu puder fazer, Bartolomeo, farei com o maior prazer. Hoje, você terá alguns privilégios. Poderá comer o que quiser. Poderá ter a companhia do padre sempre que a desejar.

– Eu gostaria de passar algum tempo com Sacco. Pode conseguir-me isso? Há muita coisa que preciso dizer a Sacco, mas que, por uma razão ou por outra, nunca lhe disse. Sim, eu ficaria muito agradecido, se o senhor me desse autorização para passar algumas horas com ele.

– Penso que isso será possível. Vou tentar obter essa autorização de meus superiores, mas não fique muito desapontado se eu não a conseguir.

– O senhor deve compreender que não é por eu ser mais forte ou corajoso do que ele. Eu talvez dê essa impressão, mas a aparência é superficial. Por dentro, ele é tão forte quanto eu e bem mais corajoso do que eu sou.

– Vocês são ambos muito valentes e, deixe-me dizer-lhe, gente muito boa – murmurou o diretor. – Lamento terrivelmente que isso tudo tenha acontecido.

– O senhor nada pode fazer para mudar as coisas. A culpa não foi sua.

– De todo modo, lamento muito – disse o diretor –, e sofro muito, com vocês. Gostaria de que tudo tivesse acontecido de uma maneira diferente.

O diretor não queria falar mais. Não sabia o que mais poderia dizer e compreendia, também, que esse tipo de conversa estava tendo um profundo efeito nele próprio. Pediu a Vanzetti que o desculpasse pelo fato de a visita ter sido tão curta, explicando que aquele era um dia em que tinha muitas coisas para fazer, mais do que o habitual. Vanzetti pareceu compreender.

Quando se sentou para tomar o café-da-manhã – geralmente comia muito pela manhã, mas naquela manhã não sentia o menor apetite –, o diretor teve o pressentimento de que naquele dia, como já acontecera várias vezes, no passado, a execução seria adiada, de que nem Sacco, nem Vanzetti seriam executados. Compreendeu, entretanto, que, mesmo se isso acontecesse, ainda teria a execução do ladrão, Celestino Madeiros, e essa execução, ainda que dolorosa e desagradável, jamais seria, por certo, tão perturbadora, para ele, quanto a de Sacco e Vanzetti.

Tendo feito essa observação, o diretor sentiu-se muito melhor, e quanto mais especulava sobre a possibilidade, mais lhe parecia que isso seria o que ia acontecer. Todo o seu comportamento mudou completamente. Ficou mais alegre e sorriu pela primeira vez naquela manhã quando, pouco depois, disse à esposa que, na sua opinião, a execução dos dois seria adiada.

Ele era aquela espécie de homem que tinha, ao longo de muitos anos, eliminado o próprio entusiasmo, já que os acontecimentos de sua vida não proporcionavam qualquer alegria e pouca satisfação à expectativa. A esposa, portanto, ficara um tanto surpreendida ao notar um tom ansioso na sua voz e a certeza com que ele fizera a afirmação. Ela fez-lhe, então, a pergunta óbvia:

– Mas por que razão adiariam eles outra vez essa execução?

A resposta a esta pergunta, que lhe apareceu espontaneamente, fez com que ele fizesse uma pausa e considerasse de novo toda a questão. Tivera a intenção de responder o seguinte: "A execução será adiada pelo fato de ser óbvio, para qualquer pessoa que saiba algo sobre o caso, que esses dois homens são inocentes."

O diretor, todavia, hesitava, evitando dizer isso, mesmo à própria mulher. Não queria colocar-se diretamente na situação de alguém que fizera uma observação dessas. Já dissera vezes demais que as questões de culpa ou inocência nada tinham a ver com ele, que não deviam ser decididas por ele ou por qualquer outro diretor de prisão. Assim, recordou apenas alguns aspectos do caso e lembrou à mulher que havia algumas dúvidas razoáveis quanto à culpabilidade dos dois homens.

– Mas como é que alguém pode sobreviver a uma coisa dessas? – perguntou a mulher. – Há já sete anos que isso vem durando... morte e adiamento, morte e adiamento. Não sei, mas não seria melhor acabar com isso de uma vez por todas? Eu não poderia viver dessa maneira...

— Onde há vida, há esperança – respondeu o diretor.

— Não entendo – continuou a esposa. — Todo mundo relacionado com o caso tem tão boa opinião sobre esses homens...

— Sim, são homens muito bons, muito gentis. Seria difícil encontrar outros dois homens tão bons quanto eles. Não consigo explicar o que aconteceu. São homens muito agradáveis, verdadeiramente bons. São calados, bem-educados, sempre muito corteses. Nenhum deles jamais disse uma palavra mais dura. Não se mostram zangados comigo. Falei disso com Vanzetti e ele explicou que compreendia, tal como Sacco, que a culpa não era minha, que eu nada tinha a ver com o que lhes estava acontecendo. Vanzetti considera que o ódio é desperdiçado, a não ser que seja lançado na direção exata.

— Isso tudo torna as coisas tão estranhas... – disse a esposa.

— E por que razão é tão estranho? A vida é assim mesmo. Esses homens são bons mesmo...

— Os anarquistas – começou a mulher dizendo – são supostos...

— Nenhum de nós sabe o que quer que seja a respeito dos anarquistas, se analisarmos bem as coisas – disse o diretor, interrompendo-a. — Isso tudo nada tem a ver com eles serem ou não anarquistas. Eu pouco sei a respeito de anarquistas, comunistas ou socialistas. Sacco e Vanzetti poderão muito bem ser as três coisas. Poderão mesmo estar cobertos de maldade da cabeça aos pés. Tudo o que digo é que isso não se nota, quando falamos com eles. Quando alguém fala com eles, despede-se sempre com a certeza de que esses dois homens jamais, fossem quais fossem as circunstâncias, poderiam ter cometido um assassinato. Em todo caso, não o tipo de assassinato de que foram acusados. Esse assassinato foi cometido por pistoleiros que abateram dois homens, como se fossem cachorros raivosos. Esses dois homens são muito diferentes. Não sei bem como explicar, mas Sacco e Vanzetti são muito delicados, carinhosos para com a vida. Jamais poderiam matar daquela maneira. Bem, minha querida, note bem, estou dizendo isso a você, em particular, a mais ninguém. Nunca poderia falar assim oficialmente. Se eu não reconhecesse um assassino, quem poderia fazê-lo?

– Mas há muitos tipos de assassino – recordou-lhe a mulher.

– Pronto! Aí está! Você já começou como os outros. A culpa não é sua. Todo mundo acaba sempre por dizer o mesmo. No fundo, ninguém pode acreditar que isso aconteça a um inocente. Sim, se analisarmos bem as coisas, é isso, não é?

– Sim, suponho que sim – concordou a esposa.

– Bem, fui visitar Vanzetti esta manhã e encontrei-o tão calmo e quieto, tão agradável e bem-educado, como se hoje fosse um dia como qualquer outro.

Neste ponto da conversa foram interrompidos por um guarda que disse ao diretor que Madeiros estava gritando com um ataque histérico e que o médico lhe pedia autorização para usar um pouco de morfina. O diretor pediu desculpa à mulher, limpou a boca apressadamente e foi com o guarda. Passaram pela enfermaria e, depois, já na companhia do médico, dirigiram-se para a cela de Madeiros. Quando ainda se encontravam a alguma distância, começaram a ouvir seus gritos, que aumentavam em volume e intensidade à medida que eles iam se aproximando mais da cela.

Madeiros também estava na ala dos condenados à morte, muito perto das celas de Sacco e Vanzetti. Para chegar à cela de Madeiros, o diretor tinha de passar pelas celas desses dois homens, mas nem pensou em espreitar pelas pequenas janelas das celas da morte para ver o que eles estavam fazendo.

Madeiros estava deitado no chão da sua cela, com o corpo se contorcendo espasmodicamente. No seu caso, havia uma história de epilepsia e aquele não era o primeiro ataque desse tipo que ele sofria desde que estava preso. O diretor tentou falar-lhe, mas Madeiros estava longe de poder escutar; gritava e batia com as mãos no chão de pedra. Uma mistura de sangue e saliva corria-lhe da boca. Seu aspecto e os gritos fizeram com que o diretor se sentisse bastante incomodado.

– Vamos, vamos, tudo ficará bem, acalme-se – tentava o diretor dizer-lhe. – Controle-se. Nós já estamos aqui e você não vai ficar sozinho. Tudo correrá bem. Vamos, acalme-se. Será melhor para você...

– Não adianta falar-lhe – disse o médico. – Ele não pode escutar o que lhe dizem e o melhor é eu dar-lhe um pouco de morfina. Concorda?

– Sim, está bem – respondeu o diretor. – Que está esperando? Vamos, depressa!

Ele e o guarda seguraram Madeiros, enquanto o médico injetava a morfina. Em poucos minutos o corpo do jovem pareceu distender-se e acalmar-se; seus músculos começaram a ficar menos tensos e os gritos foram-se transformando em soluços.

O diretor saiu da cela. Sentia-se imensamente perturbado. A sua certeza anterior de que haveria mais um adiamento das execuções, conforme sucedera no passado, já começava a desaparecer e, pouco depois, foi substituída pela certeza de que elas seriam realizadas. Aquilo era apenas o início de um dia tenebroso. Eram oito horas da manhã. O diretor não sabia como conseguiria passar o resto de um dia como aquele.

3

Era surpreendente como certas pessoas, de repente, se tornavam curiosas a respeito de Sacco e Vanzetti e como queriam saber alguma coisa sobre eles, quem eles eram e como eram. Também era surpreendente, por outro lado, como poucas pessoas sabiam alguma coisa a seu respeito antes de chegar o momento em que Sacco e Vanzetti deviam morrer.

O ano de 1927 era um ano estranho, um ano de novidades. As manchetes da imprensa diária eram impressionantes e sensacionalistas, sobrepondo-se umas às outras. Os tempos não podiam ser melhores e mais animados. Charles A. Lindberg atravessou o oceano Atlântico pela primeira vez, num vôo solitário, e o *Sun* de Baltimore anunciou estrondosamente: "Ele exaltou a raça humana!" Peaches Browning e seu idoso marido, Daddy Browning, também exaltavam a raça humana. Depois, Chamberlain e Levine também voaram sobre o oceano. Jack Dempsey venceu Sharkey, antes de ser derrotado por Gene Tunney.

Sacco e Vanzetti, contudo, eram comunistas, socialistas, anarquistas ou elementos profundamente subversivos de uma espécie ou de outra, havendo muitos jornais em todo o país que jamais imprimiram uma palavra a seu respeito, até o momento de eles morrerem ter chegado. Até mesmo os grandes jornais de Boston, Nova York ou Filadélfia publicavam apenas uma linha ocasional sobre o caso. Já havia tanto tempo que esse caso começara!

Afinal – poderiam ter dito esses jornais em sua própria defesa – o caso Sacco–Vanzetti começou em 1920 e já estamos em 1927.

A iminência da morte tornou um sapateiro e um vendedor de peixe eloqüentes; seu próprio silêncio era eloqüente. Desde cedo, muito cedo mesmo, na manhã de 22 de agosto, o som e o cheiro, a impressão e a sensação da morte pairavam no ar. Na realidade, pareceria mais do que estranho, num mundo em que tantas centenas e milhares de pessoas morriam sem serem cantadas ou choradas, que a morte de dois agitadores e de um ladrão e assassino comum causasse tanta comoção e se transformasse em algo de tão grande importância. Por mais curioso que isso fosse, era esse o caso, sem a menor dúvida, e a população era forçada a reparar no que estava acontecendo.

Todos os jornais sabiam quais seriam suas manchetes na manhã seguinte, mas queriam mais do que manchetes. Assim, um repórter dirigiu-se, aquela manhã, para o lugar onde vivia a família de Sacco. Encontrou a mãe de duas crianças, a mulher de Sacco. O repórter fora informado de que havia muita gente interessada por Vanzetti, mas ainda mais gente se interessava por Nicola Sacco. O caso de Nicola Sacco tinha um interesse humano muito especial e quem não compreendesse isso era um idiota. Sacco, com apenas 36 anos, encontrava-se diante do grande abismo da morte predeterminada – sendo um dos poucos escolhidos para conhecer o exato momento da sua partida deste mundo. O jornalista fora informado de que, segundo a opinião de milhões de pessoas, em todo o país, Nicola

Sacco deixava atrás de si grandes riquezas, pois era um pai de família.

Sacco tinha esposa e dois filhos. O nome da mulher era Rosa. O menino, que já tinha quase 14 anos, chamava-se Dante. A menina, que ainda não tinha 7 anos, fora batizada com o nome de Inês. O repórter, a quem tinham dado a entender que possuía uma história de grande interesse, recebera instruções para visitar a mãe dos filhos de Sacco. Deveria descobrir o que a mãe e as crianças sentiam.

Essa missão não lhe agradava e isso nada tinha de extraordinário, visto que, mesmo se esse repórter fosse tão duro quanto uma pedra, tal tarefa não seria fácil de enfrentar. Mas tinha de fazer seu trabalho e resolveu começar cedo, para não ser ultrapassado pelos colegas, para fazer uma reportagem que ninguém deveria fazer antes dele. Assim, eram apenas oito horas da manhã quando bateu à porta da casa onde Rosa vivia.

A esposa de Sacco abriu-lhe a porta e perguntou-lhe o que ele desejava. O repórter olhou para ela e teve uma reação muito estranha.

– Meu Deus! – exclamou ele, falando consigo próprio. – Como ela é bonita! É uma das mais belas mulheres que meus olhos já viram!

Era muito cedo. O cabelo dela, preso apressadamente, nem mesmo fora penteado. Rosa estava sem maquiagem. Talvez não fosse tão bela quanto o repórter sentira. Ele esperara algo de diferente. Rosa surpreendera-o com a simples e franca expressão de seus olhos castanhos, com a terrível tranqüilidade do seu rosto triste. Naquela manhã, nos olhos e na imaginação do jornalista, a dor igualava-se à beleza, e isso era tão perturbador que ele sentiu um enorme desejo de fugir. Mas isso era o terror da verdade, subitamente revelada. Seu trabalho não era lidar com a verdade, mas, em todo caso, era o seu ganha pão. Assim, resolveu ficar e iniciar a reportagem.

— Por favor, vá embora — disse a mulher. — Nada tenho a dizer.

O repórter tentou explicar que não podia ir embora. Não compreenderia ela que aquele era o seu trabalho e que talvez fosse o trabalho mais importante de todo o mundo?

A mulher não compreendia isso. Disse-lhe que seus filhos ainda dormiam. Falando dolorosamente, com cada palavra impregnada de sofrimento, ela pediu-lhe que não acordasse as crianças.

— Eu não quero que acordem — disse ele, em sua própria defesa. — Não tenho a menor intenção de acordá-las. Mas posso entrar, só por um momento?

A mulher soltou um suspiro, encolheu os ombros, concordou com a cabeça e deixou-o entrar.

A primeira coisa que ele viu foi as crianças, que dormiam. Mais tarde compreendeu, de repente, que fora tudo o que vira dentro daquela casa. Tratava-se de um jornalista muito jovem e não tinha a menor obrigação de dar provas da menor sensibilidade diante dos filhos de um sapateiro italiano. Ele era um americano ianque, filho de autênticos ianques, da mais pura raça. Não só nascera em Boston, como seu avô também nascera em Boston, seu bisavô em Plymouth, Massachusetts, e seu trisavô em Salem, também no estado de Massachusetts.

Viu, todavia, como dorme uma menina. Há algo de singular nisso. Na realidade, não existe, em todo o mundo, coisa alguma que se compare com isso: uma simples menina, que ainda não alcançou os 7 anos de idade, no seu sono, o modelo para todos os sonhos de anjos com que os homens sonham. Aquela menina dormia com o cabelo escuro espalhado por cima dela, com os braços jogados para a frente e o rosto muito sereno na sua tranqüila inocência. Nem mesmo um sonho ruim parecia perturbá-la, naquela manhã. Já sofrera muitos pesadelos no passado e era bem possível que já tivesse esgotado todos eles. Sonhara com uma cadeira elétrica: sonhara com ela, sim, embora à sua própria maneira infantil.

Vira, no seu sonho, uma cadeira com uma grande armação de lâmpadas elétricas sobre ela, de forma que a cadeira faiscava e brilhava, sendo nessa cadeira que se sentava seu pai, Nicola Sacco. Essa criação de sua mente infantil era o resultado de sua terrível luta com a vaga e assustadora imagem de duas palavras que se misturaram na sua consciência, escutadas secretamente, escutadas por acidente, escutadas de outras crianças que as usavam num tom de troça. Nunca lhe ocorrera, naturalmente, fazer qualquer pergunta sobre a ética de um Estado que não respeita o efeito que uma cadeira elétrica pode ter em uma criança.

Greve de fome era outra coisa que lhe era difícil compreender. Seus sonhos haviam tomado outras formas, para lidar com essa horrível coisa. Sonhava com fome maior do que jamais sentira em toda a sua vida. Certa vez, quando estava tendo justamente um pesadelo de uma fome desesperadora, ela acordou, soluçando. Isso acontecera numa noite em que sua mãe não estava com ela, e seu irmão Dante a abraçou e reconfortou, procurando explicar-lhe que a imagem que ela evocara não era o que, na realidade, acontecia.

— Veja — disse-lhe ele. — Tenho aqui uma carta em que papai fala sobre isso.

Depois, prometeu ler-lhe a carta no dia seguinte e, é claro, assim fez. A pequena Inês ficou sentada com as perninhas dobradas e os joelhos aninhados no círculo formado por seus braços, enquanto o irmão lia a carta que papai lhe enviara. Assim, Dante leu:

Meu querido filho e companheiro:

Desde a última vez em que vi você que pensava em escrever-lhe esta carta, mas a duração da minha greve de fome e o receio de não ser capaz de me explicar bem fizeram com que eu a adiasse esse tempo todo.

Terminei há poucos dias minha greve de fome e pensei imediatamente em escrever-lhe, mas não disponho de muitas forças e tenho de me limitar a escrever um pouco a cada dia. Todavia, preciso escrever, de qualquer modo, antes de nos levarem de novo para a cela da morte, já que estou convencido de que, logo que o tribunal recusar um novo julgamento, seremos levados de novo para lá. E, entre sexta-feira e segunda-feira, se nada acontecer de novo, seremos eletrocutados, pouco depois da meia-noite, em 22 de agosto. Assim, aqui estou, com todo o meu amor e com o coração aberto, como sempre.

Se terminei a greve de fome, isso só aconteceu pelo fato de já não haver o menor indício de vida em mim. Pelo fato de eu protestar com a minha greve de fome, ontem, da mesma forma como, hoje, protesto pela vida e não pela morte.

Meu filho, em vez de chorar, seja forte, para poder reconfortar sua mãe, e para quando quiser distraí-la do desespero, vou contar-lhe o que eu costumava fazer. Era hábito levá-la para um longo passeio no campo, colhendo flores aqui e ali, descansando sob a sombra das árvores, entre a harmonia de um riacho e a suave tranqüilidade da Mãe Natureza. Sim, tenho a certeza de que ela ficará contente com esse passeio na sua companhia. Mas lembre-se sempre, Dante: ajude os fracos que pedem ajuda, ajude o perseguido e a vítima, pois esses são os seus melhores amigos; são os camaradas que lutam e tombam, da mesma forma como seu pai e Bartolomeo lutaram e tombaram, em nome da conquista da alegria da liberdade para todos e para os pobres trabalhadores. Nesta vida de lutas, você encontrará mais amor e será, também, mais amado.

Pensei muito em você quando estava deitado na cela da morte – nas canções, nas vozes ternas e quentes das crianças brincando no parque, onde havia toda a vida e a alegria da liberdade – a apenas um passo da muralha que contém a agonia enterrada de três almas sepultadas. Recordei tantas vezes você e sua irmã Inês e só desejaria poder ver os dois a todo momento. Mas sinto-me melhor pelo fato de vocês não virem à casa da morte, para que, assim, não possam presenciar a horrível imagem de três homens em agonia, esperando ser eletrocutados, pois não sei que efeito isso teria nos jovens espíritos de vocês. Mas, por outro lado, se não fossem tão sensíveis, seria útil mais tarde, quando poderiam usar essa terrível recordação para mostrar ao mundo a vergonha do país nesta cruel perseguição e injusta morte. Sim, Dante, eles podem crucificar nossos corpos, hoje, como o estão fazendo, mas não podem destruir nossas idéias, que ficarão para os jovens do futuro que está por vir.

Dante, eu digo-lhe uma vez mais para amar e ficar sempre muito perto de sua mãe e das pessoas amadas nesses tristes dias, e tenho a certeza de que, com seu valente coração e sua grande bondade, elas sentirão menos desespero. E você também não se esquecerá de me amar um pouco, pois eu – Oh, meu filho! – penso muito em você.

Minhas mais sentidas lembranças para todos os nossos queridos amigos, muito amor e beijos para a pequena Inês e para sua mãe. Um grande e sincero abraço.

Seu pai e companheiro

P.S. Bartolomeo envia-lhe suas afetuosas saudações. Espero que sua mãe o ajude a compreender bem esta carta, pois eu poderia ter escrito muito melhor e de uma forma mais simples, se estivesse me sentindo bem. Mas estou muito fraco.

Apesar de a pequena Inês não ter compreendido toda a carta, e embora seu irmão tivesse omitido parte dela, o que escutara fora suficiente para que ficasse perplexa, tão perplexa que tentou formar algumas palavras para enviar ao pai.

A confusão que tudo aquilo lhe causava no espírito já começava a dissipar-se quando ela recebeu uma carta, só para ela, que começava com "Minha querida Inês". E então o pai começou a falar para ela. Cada palavra da carta significava que o pai estava falando só para ela. Estas foram as palavras:

> Gostaria que você compreendesse o que vou lhe dizer e desejaria poder escrever de uma maneira muito simples, pois meu grande desejo seria que você escutasse todas as ansiosas batidas do coração de seu pai, pois eu amo muito você e você é a minha querida menina.
>
> É muito difícil fazer com que compreenda, já que é tão novinha, mas vou tentar do fundo do meu coração fazer com que você entenda como é amada pela alma de seu pai. Se eu não conseguir fazê-lo, sei que guardará esta carta e a lerá em anos futuros, quando sentirá, então, o mesmo afeto, as mesmas batidas do coração que seu pai sente, agora, ao escrever-lhe.
>
> O maior tesouro e felicidade na minha vida de luta teria sido eu poder ter vivido com você, com seu irmão Dante e com sua mãe num pequeno e agradável sítio, e conhecer todas as suas sinceras palavras e seu carinhoso afeto. Depois, no verão, estar sentado com você na sombra do carvalho – começando a ensinar-lhe alguma coisa sobre a vida e a ler e escrever, ver você correndo, rindo, gritando e cantando nos verdes campos, colhendo flores aqui e ali, indo de uma árvore para outra, do límpido riacho para os braços de sua mãe.

Sei que você é muito boa e que, com certeza, ama sua mãe, Dante e todos os nossos queridos amigos – e tenho certeza, também, de que você me ama um pouco, pois eu amo muito você, tanto, tanto... Você não imagina, Inês, quantas vezes penso em você, todos os dias. Você está no meu coração, na minha visão, em todos os recantos desta triste cela, no céu e em todos os lugares onde meu olhar pousa.

Entretanto, dê as minhas melhores saudações paternas a todos os amigos e camaradas e em dobro à nossa querida família. Amor e beijos para seu irmão e sua mãe.

Com o mais afetuoso beijo e inefável carícia daquele que a ama tanto que está constantemente pensando em você. As mais sinceras saudações de Bartolomeo para todos vocês.

Seu pai

Enquanto o pai lhe falava, Inês fechou os olhos e tentou ver-lhe o rosto e o movimento dos lábios, bem como o brilho que, por vezes, lhe aparecera nos olhos quando o visitara na prisão.

Isso, contudo, fora no passado. Pelo calendário das pessoas crescidas, tratava-se apenas de alguns dias no passado, mas, pela passagem do tempo da própria criança e pelos seus próprios cálculos para medir a passagem do tempo, isso fora há muito, muito tempo. Agora, naquela manhã, ela dormia pacificamente, com seus sonhos, com as lembranças, doces ou amargas.

– Por favor, vá embora – insistia a mãe.

O repórter olhou de novo para as duas crianças e, depois, saiu daquela casa. Não se sentia com forças para ficar ali mais tempo. Saiu e começou a andar pela estrada, procurando compor no seu espírito o pouco que vira, de maneira a poder escrever uma reportagem. O jovem estava perturbado e sentia-se perseguido por muitas, muitas coisas que tinham alcançado de repente sua consciência e que se encontravam, na sua maioria, fora do alcance de sua compreensão.

Jamais, antes, sentira a necessidade de compreender o que motivara um pobre vendedor de peixe e um sapateiro, que trabalhavam duramente, a serem anarquistas, comunistas ou qualquer coisa desse tipo. Tais pessoas vinham do desconhecido para as fronteiras do seu mundo. Embarcavam numa idéia qualquer e essa idéia poderia terminar na morte violenta ou na prisão, na fome ou na cadeira elétrica, mas um fim desses era reservado expressamente para pessoas assim. Não fazia parte do seu próprio mundo e não era questão para sua consciência.

Agora, contudo, tornara-se abruptamente parte do seu mundo e questão para sua consciência. Certa vez, quando saíra com uma garota, gabara-se das muitas experiências que um jornalista tinha. Agora estava, sem dúvida, diante de uma dessas experiências de que ele se vangloriara. Poderia ele vir um dia a contar essa experiência a alguém, num tom tão juvenil, gabando-se tanto? Certamente, se a pudesse contar a alguém, então, sem dúvida, também poderia escrever uma reportagem, como teria, agora, de fazer.

Mas como seria sua reportagem? Sentia, de certo modo, vagamente, e até certo ponto de uma forma trágica, que havia uma história, jamais contada ou descoberta, nos tranqüilos e belos rostos das crianças adormecidas. Sua cultura dizia-lhe que "Dante" era o nome de um poeta italiano, embora nunca tivesse lido uma obra de Dante, o poeta. Mas não entendia por que razão o sapateiro italiano dera a sua filha o nome de Inês. Tais pensamentos foram substituídos pela súbita compreensão de que aquela criança devia ter nascido e crescido, que devia ter passado todos os poucos anos de sua vida, durante os sete anos que Nicola Sacco e Bartolomeo Vanzetti tinham passado na prisão. Esta compreensão veio como o mais profundo choque para o jovem repórter e, na verdade, comoveu-o mais do que qualquer outra coisa que lhe acontecera naquela manhã.

Sentia-se diferente e nunca mais poderia voltar a ser como antes. Uma mudança amarga começara a verificar-se nele. Estivera próximo da morte – e, por conseguinte, perto demais da vida –, e isso roubara-lhe a juventude.

4

Às dez para as nove, na manhã de 22 de agosto, o professor, que também era um dos mais famosos advogados do país, atravessou o gramado em direção ao edifício da Faculdade de Direito, onde faria a sexta e última conferência da série que estava dando para o curso de verão. Aquela era a primeira vez em que lecionava durante o verão, e no decorrer daquelas longas e quentes semanas sentira-se constantemente dividido entre o desejo de umas férias autênticas nas montanhas ou na praia e um sentimento de alívio pelo fato de poder, afinal, estar ali, em Boston, vendo e observando os desenvolvimentos finais do caso de Sacco e Vanzetti.

Só raramente ele se permitia reconhecer, mesmo para si próprio, quanto esse caso significava, porque havia certo perigo em admitir isso, ainda que para si próprio. Quando, contudo, era impelido por esta ou aquela razão a aceitar o caso Sacco–Vanzetti como uma força central na sua atual existência cotidiana, sua fúria contra certas forças tornava-se quase incontrolável. Isso talvez o perturbasse mais do que qualquer outra coisa. Desde os seus tempos de jovem, o professor decidira, sólida e determinadamente, evitar a ira incontrolável, fosse qual fosse a situação.

Todavia, naquela manhã, tão especial e tranqüila, mas particularmente trágica, sua ira estava bem presente, mas latente, como uma mola de aço comprimida dentro dele. Na tarde anterior, ouvira dizer que o presidente da universidade onde ele lecionava, que também era o presidente de uma comissão assessora que investigara aquele caso, o relacionara com ele de um modo singularmente desagradável.

O presidente da universidade referira-se a ele, o professor, como "esse judeu", e dissera, ainda, que havia mais do que parecia, à primeira vista, na ansiedade com que os judeus defendiam os "dois comunistas italianos".

Nada havia de novo ou de particularmente revelador no conhecimento que se tinha de que o presidente da universidade não gostava de judeus. O professor, desde que viera para aquela universidade, estava perfeitamente consciente do fato de o presidente da universidade antipatizar visivelmente com os judeus. É preciso acrescentar que o presidente da universidade tinha uma antipatia igual por quase todas as outras minorias dos Estados Unidos; se sua antipatia pelos judeus era manifestada mais freqüente e incisivamente, era apenas em virtude de os portões da universidade serem menos fechados aos judeus do que a certos outros grupos.

O professor, apressando-se pelo gramado, estava muito consciente de todas essas coisas – da mesma forma como estava agudamente consciente da sua própria aparência.

Essa consciência era como uma espora picando constantemente a sensibilidade. Todas as coisas que o presidente da universidade era... esse professor de Direito Criminal não era. O professor não era um ianque: nem mesmo nascera nos Estados Unidos. Quando falava, notava-se certo sotaque estrangeiro. Seus olhos escuros e penetrantes escondiam-se por detrás das fortes lentes dos óculos e sua grande cabeça erguia-se desajeitadamente dos ombros. Mesmo que pudesse exorcizar a própria consciência da sua aparência, a vida em Boston, em 1927, não teria permitido.

– Muito bem – disse ele, falando consigo mesmo, quando ainda atravessava o gramado. – Eu caminho como um judeu. Agora, este judeu vai fazer uma coisa corajosa ou estúpida, vai fazer sua última conferência, dar sua última aula do curso, e o assunto será o caso de Sacco e Vanzetti.

Essa decisão, que ele tomara na noite anterior, reconfortava-o e também fornecia mais combustível à sua ira. Era do conhecimento do corpo docente da universidade que o brilhante, penetrante e devastador ensaio que aquele professor escrevera em defesa de Sacco e Vanzetti, e que tivera suficiente mérito para ser publicado, irritara profundamente o presidente da universidade. Este, de resto, não só considerara a ação do professor insensata, como também sentia que, ao tomar essa atitude, o professor de Direito Criminal adotara uma posição, tanto pessoal quanto publicamente, contrária à sua posição. O presidente da universidade tinha sua própria filosofia sobre a situação. Do seu ponto de vista, via o poder de dois agitadores, sozinhos e desarmados, que aguardavam a morte, mas que, apesar disso, eram capazes de levantar metade do mundo em sua defesa. Esse misterioso poder aterrorizava-o. Não podia compreender que o professor de Direito Criminal, com quem estava tão irritado, não visse nada disso nos dois agitadores que não se apercebesse desse poder, mas que visse apenas dois homens terrivelmente infelizes, que aguardavam o fim de suas vidas.

Quando o professor entrou no edifício da Faculdade de Direito, naquela manhã, encontrou três jornalistas que o esperavam. Estes perguntaram-lhe imediatamente se era verdade, segundo se dizia, que sua última conferência na *Série Williams* seria dedicada ao caso Sacco–Vanzetti.

— É verdade, sim — respondeu ele, falando abruptamente, sem se mostrar cordial, nem expansivo.

— Gostaria de fazer alguma declaração, professor, sobre sua conferência ou a decisão da comissão assessora especial?

Os jornalistas referiam-se à comissão chefiada pelo presidente da universidade — e nomeada pelo governador, para examinar, como uma junta de último recurso, o caso Sacco–Vanzetti.

— Não tenho declaração alguma a fazer — redargüiu o professor. — Se os senhores desejarem ouvir minha conferência, poderão fazê-lo. Não lhes fecharei as portas, mas não farei declarações à imprensa.

O convite fora generoso e os três homens seguiram o professor até a sala de conferências. Já havia cerca de trezentos estudantes e a sala estava quase cheia. Suas conferências tinham sido muito freqüentadas durante todo o verão. A ironia e as palavras incisivas do professor, que o tornavam tão temido e mesmo odiado por certas pessoas, também atraíam a maior admiração por parte de outras.

Pelo menos — pensou ele, ao tomar seu lugar no pódio, — os estudantes não me detestam.

O professor curvou-se para a frente e observou os jovens rostos que o olhavam com certa ansiedade. A sala era uma daquelas no estilo antigo, construída em forma de anfiteatro. O professor encontrava-se embaixo e tinha à sua frente, desde o seu nível até o teto, no fundo, fileiras e fileiras de estudantes sentados nos velhos bancos, com os cadernos prontos para receber apontamentos, alguns com viva expressão de interesse pelas palavras do professor.

Fosse como fosse, pensava ele, jamais cometera o pecado do tédio e, se estava demonstrando uma inflexível inclinação para se destruir, pelo menos evocava, por outro lado, uma grande excitação nesse processo. Era bem possível que o presidente da universidade, que sempre evitara tão cuidadosamente qualquer excitação em seus recintos, considerasse essa qualidade tão irritante quanto as outras qualidades que o professor exibia. Agora, contudo, isso não importava, já que, em todo o pensamento do professor a respeito do caso Sacco e Vanzetti e na sua própria posição em relação com o caso, ele chegara a certo número de importantes conclusões.

Primeiramente, o professor tivera de enfrentar a questão de tomar uma posição no caso, qualquer posição; uma posição que afirmasse que os dois eram culpados; uma posição que negasse que os agitadores eram culpados; ou mesmo uma posição que reconhecesse que certos incidentes no tribunal haviam sido lamentáveis. Durante meses e meses, o professor lutara contra a perturbadora questão: tomar ou não uma posição, enfrentar ou não o perigo de ser relacionado com os vermelhos e, possivelmente, de também ser acusado de comunista. Dessa luta e desse exame de consciência surgiu por fim a determinação de investigar os fatos do caso da maneira mais completa possível.

Recordava perfeitamente o momento em que chegara à conclusão inicial e em que tomara sua primeira decisão, já que essa primeira conclusão continha tudo o que se seguiria. Sua investigação fora cuidadosa e muito completa. Talvez tivesse sido sua intenção mergulhar no caso de Sacco e Vanzetti apenas com um interesse casual; o resultado real de sua decisão, porém, foi aprofundar-se ainda mais no caso e, assim, levar a si próprio a uma segunda decisão: "Eles são culpados ou inocentes?"

Respondida esta pergunta, o professor deu o passo seguinte mais rapidamente. As conseqüências implícitas encheram-no de medo durante muitos dias e semanas. Lutara muito duramente para conseguir todo o sucesso que havia obtido durante sua vida profissional e, no decorrer dessa luta, enfrentara a necessidade de conquistar uma nova terra, uma nova língua, um novo povo, uma nova vergonha, um novo desdém; e ele conquistara todas essas coisas.

Quando tomou sua decisão, o professor tinha a plena consciência de que talvez fosse perder tudo o que ganhara e alcançara; apesar disso, falando consigo mesmo, disse bem nítida e justamente:

— É difícil demais viver no mundo com uma mentira. Uma mentira pode existir sob a forma de um homem, mas me incomoda. Talvez, com o tempo, eu viesse a ser um importante juiz ou um advogado muito rico; agora não sei o que será de mim, mas, assim, me sentirei bem menos incomodado.

Depois disso, sentara-se e escrevera o ensaio sobre o caso de Sacco e Vanzetti.

O professor recordava tudo isso, agora, quando olhava aqueles jovens rostos, enquanto organizava os pensamentos e se preparava para iniciar a conferência. Olhou para o relógio que havia sobre a porta e notou que passava um minuto das nove horas. O professor tossiu, fez que sim com a grande cabeça e bateu com a ponta do lápis no tampo da mesa que tinha diante de si.

— Vamos agora — começou ele — iniciar a última das nossas conferências sobre a teoria das provas criminais. Durante as últimas semanas abordamos um grande número de casos extraídos, poderíamos dizer, do museu da fama... por vezes da infâmia. Esses casos todos pertenciam ao passado. Hoje, contudo, vou apresentar um caso que pertence ao presente. O fato de hoje ser o dia 22 de agosto torna esta situação específica, este caso que escolhi, um assunto da maior importância. Hoje é o dia destinado pelo governador deste estado para a execução de Sacco e Vanzetti, os dois agitadores italianos que aguardam seu fim na prisão, nas celas do corredor da morte.

"Discutir as provas usadas para condenar esses dois homens, tão poucas horas antes de serem executados, poderá ser considerado por alguns algo de pouco delicado e ilícito. Todavia, não tomei este rumo sem pensar bem no assunto e não considero que seja nem delicado, nem ilícito. Qualquer estudo de história deve ocupar-se tanto com os vivos quanto com os mortos. Um bom advogado é um homem consciente de ser parte do progresso da história.

"É, também, particularmente adequado que um tema destes seja a conclusão daquilo que foi conhecido pelo nome de *Série Memorial de Roger Williams*. Com freqüência demais tomamos e aceitamos um nome sem termos sequer conhecimento de seu passado ou sem qualquer investigação sobre sua origem. Mas é precisamente pelo fato de Roger Williams ter dedicado sua vida à resistência contra qualquer interferência, fosse pelas leis da Igreja ou do Estado, na consciência dos homens, que seu nome tem sido lembrado e continuará a ser enquanto este país existir. Isso confere certa responsabilidade a qualquer participante destas conferências em memória de Roger Williams. A liberdade de consciência é mais do que uma simples frase feita. Trata-se de um modo de vida, pelo qual se deve lutar incansável e implacavelmente. Terríveis perigos poderão surgir no caminho de alguém que se entregar a essa luta pela dignidade humana. As recompensas, contudo, são proporcionais ao risco.

"Hoje não é um dia como outro qualquer. Não é parecido com qualquer outro dia que eu recorde em toda a minha vida. Hoje é um dia que deverá ser destacado, recordado e tornado memorável por um triste golpe desfechado sobre todos aqueles que amam a justiça e que acreditam verdadeiramente na liberdade de consciência do homem. Assim, o que aqui vou dizer hoje terá uma importância muito especial.

O professor passou o olhar pela sala, deixando seus olhos irem de um rosto a outro. Quase todos os presentes mostravam a sensação de urgência e de crise que ele lhes comunicara. O professor também comunicara a si mesmo um fator adicional, pois se sentia muito tenso e sabia que sua pele estava transpirando abundantemente. Sabia por experiência que, antes de ter terminado a conferência, estaria banhado em suor, cansado, exaurido. Começou a falar, então, muito lentamente, quase como se ainda hesitasse.

– Desejo começar revendo alguns dos fatos desse caso. Não podemos, naturalmente, no curto tempo de que dispomos, fazer uma recapitulação completa. Entretanto, tenho a certeza de que todos os senhores têm alguma informação sobre o assunto. O nosso problema, aqui, é considerar os acontecimentos à luz de certas regras e práticas referentes a provas apresentadas em tribunal. É isso, portanto, que procuraremos fazer.

"Como todos sabem, os acontecimentos que conduziram a esta execução começaram há pouco mais de sete anos, no dia 15 de abril do ano de 1920, na cidade de South

Braintree, estado de Massachusetts. Nesse dia, Parmenter, um caixa pagador, e Berardelli, que era o guarda do caixa, foram mortos a tiros por dois homens armados. As armas usadas foram pistolas. O caixa e o guarda estavam transportando duas caixas que continham o dinheiro para pagar a folha de pagamento da fábrica de calçados Slater & Morrill, uma quantia que somava 15.776 dólares. Quando o duplo assassinato ocorreu, esse dinheiro estava sendo levado dos escritórios da fábrica para a própria fábrica, no edifício ao lado. Enquanto o assassinato era cometido, um carro com dois outros homens esperava do outro lado da rua. Os assassinos lançaram as caixas para dentro do carro e fugiram em grande velocidade. Dois dias depois, o carro usado no assalto foi encontrado abandonado numa floresta, a certa distância de South Braintree, e a polícia encontrou marcas de um carro pequeno afastando-se desse local. Em resumo, outro carro fora ao encontro dos criminosos, levando-os para longe, por certo para um lugar seguro.

"Nesse mesmo momento, a polícia estava investigando um crime de natureza semelhante na cidade de Bridgewater, não muito distante. Os dois crimes foram relacionados um com o outro pelo fato de, em ambos os casos, um carro ter sido usado e alguns observadores terem manifestado a opinião de que os criminosos eram italianos.

"Temos aqui uma situação, por conseguinte, em que a polícia tinha algumas pistas sobre os criminosos. Assim, começou procurando um italiano que fosse proprietário de um carro semelhante; como num desses crimes, o de Bridgewater, o carro tivesse se afastado na direção de Cochesett, a polícia aceitou a suposição, razoável, de que o italiano que era dono do carro talvez morasse nessa cidade.

"Devo salientar, neste ponto, o fato de tal suposição ser aplicável a qualquer cidade industrial da Nova Inglaterra, já que não existe cidade industrial alguma, neste estado, que não tenha uma considerável população italiana e já que a própria lei das probabilidades garante que pelo menos um dos italianos residentes seria proprietário de um carro. Mas isso não deteve a polícia, que descobriu em Cochesett um italiano chamado Boda, dono de um carro que condizia com a descrição.

"Eliminando alguns dos pormenores, chegamos a uma garagem de propriedade de um tal Johnson, onde o carro de Boda foi encontrado, tendo sido levado para lá para conserto. A polícia determinou um serviço de vigia para verificar quem iria buscar o carro. Na noite de 5 de maio, cerca de três semanas depois do primeiro crime, Boda e mais três italianos apareceram, de fato, para levar o carro, pensando que já estivesse pronto.

"Neste ponto, algo precisa ser dito da estrutura, do ambiente em que esses acontecimentos se produziram e, também, do mundo que então existia para um italiano radical. Digo radical visto tratar-se de uma descrição exata, filosoficamente, tanto de Sacco quanto de Vanzetti, sejam eles anarquistas, comunistas ou socialistas. Seja como for, são radicais. Naquela época, na primavera de 1920, a vida de um radical era muito difícil. O procurador-geral Palmer empreendera medidas para a deportação em massa de todos os vermelhos. Essas medidas contra radicais de origem estrangeira eram particularmente brutais e, em muitos casos, tomadas em termos que, atualmente, nos é difícil aceitar. Temos, por exemplo, o caso, importante para o nosso tema, de um tal Salsedo, italiano, radical, e impressor que, na primavera de 1920, foi mantido incomunicável numa sala dos escritórios do Departamento de Justiça – no 14º andar de um edifício em Park Row, na cidade de Nova York. O italiano Boda, que era dono do carro, e seus camaradas eram amigos do impressor Salsedo. Quando souberam, no dia 4 de maio, que o cadáver destroçado de Salsedo fora encontrado ao meio-dia, diante do edifício de Park Row, depois de ter caído, empurrado ou por acidente, de uma altura de 14 andares, sentiram que uma ameaça iminente pairava sobre eles. Possuíam literatura radical, que consideravam necessário esconder. Tinham outros amigos, que eles sabiam estar em perigo e que teriam de avisar. Para que tudo isso fosse feito, o carro seria essencial e, assim, Boda e três amigos foram até a garagem para ver se ele já estava pronto. Foram informados de que ainda não estava e, logo que saíram, a Sra. Johnson, esposa do dono da garagem, avisou a polícia.

"Sacco e Vanzetti eram dois dos homens que tinham ido com Boda. Depois de terem saído da garagem, Sacco e Vanzetti tomaram um bonde. Um policial seguiu-os e prendeu-os dentro do próprio bonde. Os dois homens pareciam não ter a menor idéia da razão pela qual haviam sido presos; não resistiram e acompanharam o policial, calma e pacificamente.

"Assim, temos aqui, em poucas palavras, uma imagem da situação que iniciou uma série de acontecimentos que, prosseguindo durante sete anos, levaram esses dois infelizes homens para onde hoje se encontram.

"Até agora, referi-me ao crime. Até mesmo o mais simples dos crimes se torna excessivamente complexo quando é tratado de uma maneira legalista. Todavia, a questão que desejo abordar hoje tem menos a ver com a natureza do crime do que com a natureza das provas acusatórias. Tenho a certeza de que todos os senhores já notaram, pelas minhas palavras, que o problema das provas parece, neste caso, ser muito simples. Consiste na identificação de Nicola Sacco e Bartolomeo Vanzetti como dois dos quatro homens da quadrilha que realizou o assalto e cometeu o duplo assassinato. Contudo, antes de entrarmos nos pormenores dessa prova, devemos notar que, quando foram presos, Sacco e Vanzetti falavam muito mal o inglês. Nenhum deles, então, podia se fazer entender perfeitamente em inglês, nem era capaz de compreender o significado de palavras em inglês que lhes fossem dirigidas e faladas rapidamente. Nos sete anos que decorreram desde então, a situação mudou e, como prisioneiros, esses dois homens dedicaram-se ao estudo da língua inglesa e agora já a falam corretamente. Quando foram presos, porém, não entendiam, em muitos casos, perguntas que lhes eram feitas e, além do mais, certas respostas que davam eram mal interpretadas pelas autoridades. O intérprete do tribunal cujos serviços foram utilizados dedicava-se a certas práticas suspeitas, o que provocou graves dúvidas sobre sua honestidade. Sacco e Vanzetti foram levados a julgamento mais de um ano após sua prisão. O julgamento continuou durante sete semanas. Em 14 de junho de 1921, esses dois homens foram considerados culpados de assassinato de primeiro grau.

"Eu disse, há pouco, que a principal prova existente era a identificação de Sacco e Vanzetti como dois dos membros do bando de assassinos. Durante o julgamento, 59 testemunhas de acusação compareceram, convocadas pelo estado de Massachusetts. Seu testemunho incluía declarações no sentido de que os acusados tinham sido vistos em South Braintree na manhã do assassinato, de que tinham reconhecido Sacco como um dos assassinos e Vanzetti como um dos homens que ficaram dentro do carro. Por outro lado, as testemunhas de defesa proporcionaram álibis tanto para Sacco quanto para Vanzetti. Testemunhas de defesa juraram que, em 15 de abril, Sacco estava em Boston, para obter um passaporte para a Itália. Essas testemunhas foram confirmadas em seus depoimentos por um funcionário do consulado italiano, que afirmou que Sacco visitara o consulado, em Boston, às quatorze horas e quinze minutos do dia que o assassinato teve lugar. As testemunhas de defesa de Vanzetti declararam que, em 15 de abril, o dia do crime, ele estava exercendo sua atividade de vendedor de peixe a uma boa distância de South Braintree, no momento exato em que os assassinatos estavam sendo cometidos. Por outras palavras, testemunha após testemunha declararam sob juramento que teria sido completamente impossível que Sacco ou Vanzetti estivessem envolvidos no crime cometido em South Braintree.

"Poderíamos pensar, à luz de tudo isso, que a questão da culpa ou inocência de Sacco e Vanzetti não deveria sequer ter surgido ou encontrado o menor respaldo entre pessoas sensatas. Todavia, o problema não é tão simples, nem as pessoas são todas sensatas assim. Houve, também, numerosas testemunhas de acusação que juraram que Sacco e Vanzetti tomaram parte no crime. Assim, estamos diante de uma questão de provas totalmente contraditórias.

"Não examinarei, e não poderia fazê-lo, no curto espaço de tempo de que disponho, a natureza das afirmações de cada testemunha ou mesmo o caráter daqueles que acusaram Sacco e Vanzetti. Desejo, entretanto, estabelecer aqui certas condições gerais sobre a confiança que mereceu o juramento de pessoas revoltadas ou cheias de preconceitos. Uma das testemunhas, por exemplo, realizou uma proeza extraordinária em poderes de observação, memória e reminiscência. Vale a pena repetir aqui esse depoimento, por ser típico do modo pelo qual foram obtidas as identificações de Sacco e Vanzetti como os criminosos. O nome dessa testemunha é Mary E. Splaine. Pouco depois de o crime ter sido cometido, a Agência de Detetives Pinkerton mostrou à Srta. Splaine uma série de fotografias de criminosos e ela selecionou a fotografia de um tal Tony Palmisano como um dos bandidos que vira dentro do carro. Contudo, 14 meses depois, identificou Nicola Sacco como a pessoa que vira dentro do carro.

"As circunstâncias da sua observação original do crime também são igualmente interessantes. Estava trabalhando no segundo andar de um edifício, do outro lado da rua onde o crime foi cometido. Quando escutou os tiros, deixou seu trabalho e correu para a janela. Podemos imaginar facilmente com que excitação ela fez isso. Quando ela chegou junto da janela, o carro já estava se afastando e, assim, apenas conseguiu vê-lo durante uns breves segundos, antes de desaparecer. Mas 14 meses depois, após ter visto o carro durante um breve instante, vejamos como ela exorcizou seus poderes de recordação, como testemunha. Citarei, agora, o registro feito em tribunal:

"*Pergunta*: 'A senhora poderá descrevê-lo para estes senhores do júri?'

"Então, a Srta. Splaine respondeu o seguinte: 'É claro. Tratava-se de um homem que eu diria ser um pouco mais alto do que eu. Pesava possivelmente entre 70 e 80 quilos. Era um homem musculoso, de aspecto muito ativo. Notei particularmente a mão esquerda, que era bastante grande, mão essa que denotava força ou um ombro que...'

"*Pergunta*: 'E onde viu essa mão?'

"*Resposta*: 'Era a mão esquerda e estava apoiada sobre o banco da frente. Ele estava vestindo algo de tom cinza, que penso ser uma camisa, sim, um cinza-azulado... e o seu rosto era o que se costuma chamar de feições regulares, bem desenhadas, embora fosse estreito, um pouco estreito, sim. Tinha a testa bem alta e o cabelo puxado para trás. O cabelo devia ter poucos centímetros de comprimento e as sobrancelhas do homem eram muito escuras, enquanto sua pele era pálida, de um estranho tom esverdeado.'

"Essa foi a declaração da testemunha sobre o que vira em poucos segundos, 14 meses antes. Além do mais, durante essa reminiscência, identificou Nicola Sacco como o homem que ela vira. Qualquer um de nós, normalmente, diria que tal recordação, nas circunstâncias, bem como uma identificação dessas, não só seria uma impossibilidade, mas também, até certo ponto, uma verdadeira monstruosidade. Uma identificação monstruosa, isto é, de um modo ainda mais bem explicado por meio da experiência de um tal Lewis Pelser. Da mesma forma como acontecera com a Srta. Splaine, Pelser, de início, não identificou Sacco e Vanzetti, mas, tal como ela, de novo, deu provas, mais tarde, de notáveis poderes de rememoração. Quando Sacco e Vanzetti foram presos, Pelser foi levado pela polícia para ver os dois homens. Pelser declarou que não lhe era possível identificar esses homens como os criminosos. Em virtude disso, Pelser, que trabalhava para uma companhia de calçados associada com a firma Slater & Morrill, a firma que fora roubada, foi despedido subitamente, ficando desempregado. Algumas semanas depois, sua memória pareceu despertar. Voltou ao trabalho, na mesma companhia, e foi capaz, de um dia para o outro, de apontar Sacco e Vanzetti como os criminosos. Não foi o único a quem isso sucedeu. Caso após caso, a recordação e o desemprego estavam intimamente ligados. Por vezes, quando a arma do desemprego não podia ser usada, o procurador distrital e aqueles que trabalhavam com ele em tais assuntos, na sua ânsia de levarem os criminosos à justiça, usaram todas as formas de ameaça, tanto diretas quanto indiretas. Às vezes, esse processo era tão descarado que ainda existe prova das ameaças, para nós, nos próprios registros do julgamento.

"Torna-se muito amargo ter de fazer acusações como essas e enumerar conclusões como as que enumerei, mas elas são da maior importância no caso de Sacco e Vanzetti. A execução marcada para esta noite é o resultado lógico desse incrível e impiedoso julgamento. Certas pessoas acreditam firmemente que não se deve permitir que Sacco e Vanzetti permaneçam vivos. Declaro isso com a maior seriedade e sem qualquer hesitação.

"É importante recordar que o crime de South Braintree ocorreu durante um período específico, um estranho e, até certo ponto, horrível período da história deste país. As paixões de todo o país estavam inflamadas pelas notórias prisões em massa que foram instituídas pelo procurador-geral Palmer. Os vermelhos e os bolchevistas, ao que parecia, encontravam-se em todos os lugares, em cada canto, em cada beco escuro, em cada fábrica e, particularmente, nas fábricas onde os operários murmuravam que seus salários eram insuficientes para alimentar e vestir suas famílias. Estranhamente, ou não tão estranhamente, essa situação criou demônios barbudos que, carregando bombas, eram encontrados detrás de cada arbusto... e a identidade desses bolchevistas e agitadores com americanos de origem estrangeira era insinuada, senão afirmada, todos os dias em quase todos os jornais do país. Milhões e milhões de pessoas foram levadas a acreditar que havia uma ameaça radical contra a própria existência deste país como nação livre. Dentro dessa inflamada situação, um crime particularmente brutal, cometido a sangue-frio, ocorreu aqui, em Massachusetts, e a identificação, que parecia confiável, dos criminosos italianos inflamou ainda mais os preconceitos já existentes. Como réus, Sacco e Vanzetti foram levados para o tribunal. Mal sabiam falar o inglês. Estavam assustados, cansados, malvestidos, malcuidados. Testemunha após testemunha foi chamada para prestar suas declarações, sendo-lhe perguntado se esses dois homens eram os responsáveis ou se, pelo menos, se pareciam com as pessoas responsáveis por um crime ocorrido há mais de um ano, um crime cometido tão rapidamente mas que deixara tão violentas impressões na memória de quem o presenciara. Uma após outra, as testemunhas identificaram Sacco e Vanzetti.

"Meus senhores, que significa tudo isso, exatamente, em termos de provas legais? Uma parte daquilo a que tantos de nós nos referimos orgulhosamente como a lei anglo-saxônica é que um homem não deve ser condenado por um assassinato, com pena de morte, a não ser que haja provas indiscutíveis de testemunhas que presenciaram o crime. Apesar de haver criminosos que foram condenados em conseqüência de provas circunstanciais, a verdade é que a profunda gravidade que existe na execução legal de uma vida humana exige tais precauções. Sacco e Vanzetti foram condenados por intermédio de testemunhas visuais. O problema, meus senhores, é que constitui uma impossibilidade essas testemunhas terem dito a verdade: depoimentos de testemunhas de muito maior confiança provaram que Sacco e Vanzetti se encontravam a muitos quilômetros de distância do local do crime, quando este foi cometido, e uma das peças das provas circunstanciais continua inabalável.

"Falarei, agora, dessa prova circunstancial. Quando Sacco e Vanzetti foram presos, Sacco possuía uma pistola. Essa pistola foi introduzida como prova no julgamento e um famoso especialista em balística, o capitão Proctor, foi chamado para examinar a pistola encontrada na posse de Sacco e para apresentar um parecer sobre se a bala extraída do corpo da vítima fora realmente disparada por essa pistola. Um competente especialista em balística é capaz de determinar de um modo bastante exato tal fato e o capitão Proctor era considerado um desses especialistas. Proctor examinou a arma e chegou à conclusão de que a bala usada no assassinato não poderia ter sido usada pela pistola que pertencia a Nicola Sacco. Todavia, o procurador distrital destacado para esse caso parece ter conversado sobre o assunto com o capitão Proctor e, para não ter seu caso destruído, insistiu para que o capitão Proctor respondesse à seguinte pergunta: "O senhor tem alguma opinião sobre se a bala número 3 foi disparada pelo Colt automático aqui apresentado (a pistola de Sacco)?" deste estranho modo: 'Minha opinião é que é compatível que tenha sido disparada por essa pistola.'

"Temos aqui uma resposta, meus senhores, que ecoará durante muito tempo nas páginas da história. Que significa *compatível*, nesse caso? O júri, evidentemente, pensou que ele identificara a pistola como a arma do crime. Isso também é o que teria parecido a mim, em bom inglês, de forma como nós falamos inglês. Todavia, a resposta significava algo muito diferente. Tratava-se do compromisso a que haviam chegado o procurador distrital e o especialista em balística, e mais tarde, num depoimento que fez, esse mesmo capitão Proctor disse o seguinte: 'Se me tivessem feito uma pergunta direta, no sentido de averiguar se eu encontrara alguma prova definitiva de que essa assim chamada bala mortal passara pela pistola de Sacco, eu teria respondido, então, como faço agora sem a menor hesitação, com uma negativa.'

"Poderíamos ser levados a pensar, meus senhores, que essa prova, invertendo a declaração anterior do especialista em balística e que veio à luz num depoimento registrado num dos apelos feitos por Sacco e Vanzetti, seria suficiente para justificar um novo julgamento. Mas não foi o caso. Eu falei de provas, há pouco, de provas apresentadas por pessoas que vêem uma coisa com seus próprios olhos. Eu contrapus aqui, agora, as provas à possibilidade, à probabilidade e à certeza, já que, em muitos casos, uma pessoa vê com os próprios olhos aquilo que deseja ver, da mesma forma como um homem fraco diz com sua própria língua palavras que um procurador distrital venal e um juiz com preconceitos desejam que ele diga. Nos Estados Unidos, no estado de Massachusetts e em South Braintree, também, criou-se uma situação, em 1920, que fez com que muitas pessoas desejassem ver homens como Sacco e Vanzetti acusados e condenados num caso de assassinato e, portanto, como homens merecedores da pena de morte. Não seriam esses homens comunistas, vermelhos, inimigos, por conseguinte, de tudo o que era decente? Não seriam eles radicais e, assim, diferentes dos cidadãos decentes e cumpridores de suas obrigações? Não seriam eles inimigos do capitalismo, que é certamente a única forma de vida dada por Deus a estes Estados Unidos? Não se opunham eles à guerra e não tínhamos nós acabado de pôr fim a uma guerra para tornar o mundo mais seguro para a democracia... uma guerra a que nenhum cidadão decente se poderia opor? Não falariam eles com desdém do sistema de lucros e não estávamos nós destinados por Deus e pela Constituição a uma eterna indústria de lucros, a um implacável desejo de um homem de ganhar mais dinheiro do que o vizinho, mesmo se tiver de extraí-lo das suas entranhas?

"Talvez se trate de perguntas duras demais estas que eu formulo, meus senhores, mas as formulei para poder proporcionar-lhes mais experiência na prática da lei. Estou perfeitamente consciente da seriedade de minhas declarações. Mas nenhum homem pode enfrentar sua vida enquanto não concilie suas próprias ações com as situações impostas pela vida. Isso gera séria responsabilidade. É sério o caso de Sacco e Vanzetti, e esses dois homens, antes do findar do dia de hoje, pagarão com suas vidas opiniões que tinham, não crimes que cometeram. Provas e depoimentos de testemunhas, meus senhores, podem ser mestres ou servos, como já demonstrei, até certo ponto, e que demonstrarei, agora, ainda mais concretamente. (...)

O professor falou durante mais uns vinte minutos. Ao terminar, porém, sentiu que algo de muito importante, que desejara dizer, não fora dito. Desejara afirmar que, num tribunal governado, chefiado e operado pelo presidente da universidade, pelo governador do estado e pelo juiz que presidia ao julgamento, jamais poderia haver justiça para homens como Sacco e Vanzetti. A verdade, contudo, era que, se tivesse dito exatamente isso, teria fechado todas as portas ao seu próprio futuro.

A conferência terminara, mas o professor continuava imóvel, concentrado nos seus pensamentos. Sentia aquela estranha e tão específica fraqueza que sempre o dominava depois de ter falado durante um longo período e desejava, como sempre, poder ficar sozinho naquele exato momento. Mas os estudantes aglomeravam-se à sua volta, alguns agradecendo-lhe, enquanto outros insistiam teimosamente em algumas das coisas que ele dissera. Um deles manifestou-se assim:

— Mas, professor, não é possível que os executem esta noite! Que podemos fazer? Deve haver alguma coisa que possamos fazer...

— Receio que nada exista que seja possível fazer — respondeu ele.

— Mas, por certo, o senhor não quis insinuar que toda a lei é uma palhaçada, que os tribunais não têm o menor valor e que não há justiça...?

Isso chocou o professor. Olhou para o estudante que o desafiara com essas palavras – um rapaz ruivo, de olhos muito vivos – e, subitamente, o professor tornou-se ainda mais triste, sóbrio e receoso. Bem, o momento era, de fato, para sentir medo, pensou o professor, desanimado.

– Foi isso que quis dizer, professor? – insistiu o rapaz.

– Se isso fosse o que eu queria dizer – respondeu ele –, então minha vida seria tão desperdiçada quanto a dos senhores.

– Mas tudo o que o senhor disse representa injustiça. Como é que pode haver justiça se todas as forças da lei criam injustiça?

– Bem, é claro, isso seria outra conferência, não seria?

O professor olhou para o relógio. Ele se desculpou e saiu apressadamente da sala, desembaraçando-se dos jornalistas que o puxavam pelas roupas cobertas de suor e lhe lançavam perguntas ansiosas...

5

Tendo terminado o café-da-manhã e já a meio da sua segunda xícara, o presidente da universidade olhou fixamente para o retrato de Ralph Waldo Emerson, semicerrou os olhos e arrotou. O presidente arrotava com regalia, senão até com delicadeza; metia o dedo no nariz da mesma maneira; era a isso que tinham se referido, no departamento de inglês da universidade, como a "simplicidade senhorial da arrogância", em parte um aforismo e, em parte, também, uma inconseqüência. O presidente fazia coisas que teriam marcado outro homem da mesma venerabilidade como um velho sujo, mas seu feroz e quase incrível esnobismo ainda o livrava de tal designação.

O instrutor, sentado diante dele, concluía sua história.

— Agora! Apenas há cinco minutos — exclamou o presidente da universidade, como se não pudesse acreditar nas palavras que acabara de escutar. — Isso vai além da compreensão... Bem que eu disse que o judeu explodiu como um vulcão. Nunca mais nos deixará em paz. — Ele voltou a fixar o olhar, que alguém descrevera como penetrante, no retrato de Emerson. — Não estou falando de apenas um homem, mas sim em termos gerais, dos judeus — explicou. — Poderia repetir o que ele disse... aquela parte sobre uma sede de sangue...?

— Eu não diria que ele usou exatamente essas palavras...

Nesse momento, o reitor da Faculdade de Direito entrou na sala. Sentiu que havia ódio no ar e juntou-se a ele. Instalou-se num dos cantos da agradável sala de jantar, com seu excelente mobiliário Chippendale, seu papel de parede e o encantador e já desbotado tapete do século XVIII, ficando exatamente debaixo do retrato de Henry Thoreau, com as mãos confortavelmente cruzadas sobre sua grande barriga.

— Ele está vindo para cá, presidente — disse procurando combinar numa careta tanto de pesar quanto de antecipação. O presidente, entretanto, não lhe prestou a menor atenção, continuando a interrogar o jovem instrutor.

— Não... não foi isso? Mas foram essas palavras que usou há pouco.

— Foram sim, presidente. Eu desejava ser escrupuloso.

— Um desejo elogiável, mas que não é compartilhado por todos — disse o presidente da universidade.

— No meu desejo de ser escrupuloso senti ser necessário relatar o que ele disse com a maior exatidão possível.

O professor insinuou que certas pessoas de destaque desejavam ardentemente, em razão de uma sede de sangue, palavras insinuadas também, a morte desses dois italianos, Sacco e Vanzetti.

– Ah! Exatamente! Sede de sangue...
– Palavras implícitas, se me permite, presidente.
– Ouviu? – perguntou o presidente ao reitor da Faculdade de Direito.
– Palavras que não foram ditas, mas sim insinuadas – respondeu o reitor, concordando.
– E você não o deteve?
– Como poderia ter feito isso? – exclamou o reitor, protestando. – Entrei na sala 15 minutos depois de ter começado a falar e senti, corretamente creio eu, que qualquer tentativa para o fazer calar seria bem mais desastrosa do que qualquer coisa que pudesse dizer. Eis uma coisa que devemos levar na devida conta, pois ele se colocou numa posição vantajosa. É muito astuto. Sim, ele tem essa qualidade.
– É próprio da raça. Eles vivem da astúcia. Mas não vejo como é que sua posição é tão vantajosa. Difamou homens honestos e terá de pagar por isso. Já sou velho, homem!
– Muitos homens mais novos têm menos vigor e juventude.
– É possível, mas isso não impede que tenha de cuidar da saúde. As forças que estou usando não podem ser substituídas. Quando um homem passa dos 70, a morte senta-se a seu lado. Contudo, nunca me poupei. Quando fui chamado para um dever público, apresentei-me imediatamente. Nem mesmo disse que esses homens eram italianos. Tenho preconceitos contra os latinos? Há quem diga também que tenho preconceitos contra os judeus. Nada disso! Nada disso! – repetiu. – Meus antepassados de olhos claros e pele clara

plantaram uma sólida raça neste solo. Naquele tempo, não tínhamos de lidar com nomes como Sacco e Vanzetti, mas sim com homens chamados Lodges e Cabots, Bruces e Winthrops, com Butlers, Proctors e Emersons, sim, havia muitos desses homens. E quando olho em minha volta, agora, onde está essa raça? Mas não me prevaleci disso, quando me convocaram. Quando o governador do estado me pediu para integrar a comissão encarregada de avaliar os fatos existentes nesse processo, que tanto desmoralizou nossa terra, não recusei. Examinei os fatos. Separei o joio do trigo...

Suas palavras foram interrompidas pela chegada do professor de Direito Criminal e nesse exato momento, os outros dois homens presentes, o reitor da Faculdade de Direito e o jovem instrutor, pensaram que o professor entrara, na realidade, onde homens mais sábios, e até mesmo anjos, receariam pisar. Pouco elegante, um tanto desleixado, olhando com dificuldade por detrás de seus óculos, ele entrou vagarosamente na sala e olhou para o presidente da universidade.

– O senhor desejava ver-me? – perguntou, falando muito diretamente.

O presidente verificou que tremia um pouco. "A idade", pensou. "Não estou armado adequadamente para a ira."

– Eu soube que na sua conferência desta manhã o senhor disse coisas das quais um homem sensato poderia se arrepender.

– Vejo que as notícias voam – respondeu o professor, falando calmamente –, mas o fato é que nada disse de que possa me arrepender. Nem me considero um homem excessivamente insensato.

– Considere de novo tudo o que disse, professor!

– Já considerei tudo muito bem e muito seriamente, já perdi até a conta das horas que levei pensando nesse assunto. Decidi que aquilo que devia ser dito tinha de ser dito mesmo.

Apesar de ter falado com o maior cuidado, não restavam dúvidas de que havia vestígios de um sotaque estrangeiro na voz do professor. Algumas frases suas continham expressões que sugeriam ecos de outra língua, e quando pronunciava uma palavra mais difícil, não conseguia evitar que o sotaque viesse mais à tona. O presidente da universidade estava perfeitamente ciente desses fatos, mas sua consciência fora varrida pela irritação e isso o tornava ainda mais irascível que o habitual. Há alguns dias que tinha dentro de si uma confortável sensação de poder e de realização em virtude da decisão que ele e seus companheiros da comissão de investigação tinham tomado. Nunca, mas nunca mesmo ele teria apresentado as coisas de uma forma tão direta e vulgar quanto a maneira como o juiz as apresentara ao exclamar: *"Muito bem, dei a esses bastardos anarquistas o que eles mereciam!"* Todavia, não podia negar que sentia algo do mesmo gênero que o juiz devia ter sentido. Mas durante toda a manhã essa sensação agradável fora desaparecendo aos poucos, dissipando-se, e ao ser informado da tão injusta, como a considerava, e mesmo violenta conferência do professor, o resto daquela sensação que o dominara nos últimos dias desapareceu rapidamente.

Que teriam os outros querido dizer, perguntava ele a si mesmo, ao afirmarem que o professor se encontrava numa posição vantajosa? Estariam insinuando que gente decente, homens não muito diferentes dele próprio, pessoas das boas famílias de Boston, aprovavam o professor de Direito Criminal? Seria isso?

— O senhor parece muito seguro de si mesmo — comentou o presidente, falando friamente.

— Sim, acredito estar.

— E isso lhe deu o direito de acusar pessoas de desejarem a morte desses dois homens?

— Há pessoas que o desejam... algumas pessoas em lugares de destaque. Todo mundo sabe disso. Eu o disse e não me arrependo.

— Refere-se a mim?

— Como?

— O senhor me acusa?

— Não... nunca mencionei seu nome — disse o professor. — *O senhor* é que está *se* acusando. Seus sentimentos estão feridos, mas os dois homens morrerão esta noite. Quantas vezes já morreu, presidente?

— O senhor está-se tornando intolerável.

— O senhor acha? E o advogado deles também era intolerável? Ele foi bem mais eloqüente do que eu. Li a conclusão da sua defesa apenas uma vez, mas o que ele disse ficou gravado no meu coração. Lembra-se de como ele concluiu? Foi algo assim: *Se não podem dar a estes homens um julgamento justo, então, que lhes perdoem, que lhes perdoem por tudo o que há de mais sagrado. Os cristãos criaram um Deus que é misericordioso. O senhor está aí sentado como Deus, com vidas humanas nas suas mãos.* Ele disse isso ou algo parecido, não é verdade? Isso foi ontem. Devo esquecer que o senhor gostou de ser o carrasco?

A ira desapareceu e, subitamente, o presidente da universidade sentiu medo. Seus antepassados tinham-se transformado numa tênue, fria mortalha. Seus ouvidos zumbiam, como se aquele homem a quem o professor de Direito Criminal se referira, o advogado de Sacco e Vanzetti, estivesse de novo diante dele.

— Sente-se — dissera a esse advogado, alguns dias antes, quando viera apresentar sua última defesa dos acusados e ficara em pé, diante dele, tal como este judeu se encontrava agora. – Por que razão caminha de um lado para o outro? – perguntara o presidente da universidade.

– Não posso argumentar quando estou sentado – respondera o advogado. – Não posso apresentar minha defesa sentado... e, agora, tenho de argumentar, defender esses dois infelizes. Se não lhes pode conceder novo julgamento, depois de ter recebido tantas provas da sua inocência, então eles deveriam ser perdoados. Não têm culpa de que o estado de Massachusetts empregue um juiz que se refere a homens que estão em julgamento como "bastardos anarquistas", que diz como é que vai acabar com eles e que se gaba do que lhes fez e do que ainda vai fazer. Sacco e Vanzetti não o nomearam e não são culpados de o estado tolerar tal Juiz.

"Se o Supremo Tribunal deste estado não pode alterar o que um juiz disse, por ter de proteger a autoridade de que ele está investido, a única coisa que o Estado pode fazer é perdoar esses homens, por mais humilhante que isso seja, como também é humilhante para todos os cidadãos deste estado ter de reconhecer que homens podem ser tratados como eles têm sido. Temos de agüentar firme essa humilhação... não há outra saída. E qualquer tentativa para fugir disso, para dizer que preto é branco, para esmagar e apagar o caso da face da Terra, de nada adiantará. Todo mundo conhece bem o processo. O julgamento e os diversos apelos foram traduzidos em todas as línguas da Europa. O caso é tão conhecido na Alemanha e na França quanto aqui. A verdade é que estamos contra a parede.

"Os homens mais competentes de Massachusetts, que respeitam os tribunais, estão num beco sem saída. Teremos de inventar uma explicação qualquer que não será aceita e que, de qualquer maneira, não poderemos considerar sincera ou justa, ou, então, de reconhecer que esse julgamento foi uma farsa e um erro judiciário, que foi conduzido injustamente, que havia dúvidas razoáveis que aumentaram muitíssimo desde então, e que nossos tribunais foram incapazes de corrigir o erro então cometido. Por causa disso o governador deve perdoar esses homens, acredite o senhor ou não na culpa deles, ache ou não que dentro de cinco anos as provas contra eles seriam mais fortes ou ainda mais fracas. Os dias foram passando, o Estado teve sua possibilidade de intervir, o julgamento foi realizado. A argumentação já foi toda esgotada. Os tribunais já deram sua última palavra e esse é o resultado do caso.

"Eu, de minha parte, já terminei meu trabalho. Fiz tudo o que me foi possível. Trabalhei durante anos para obter justiça elementar e, se tiver falhado, vou me sentir amargamente desapontado, mas não terei remorsos. Fiz o que podia e peço que o senhor faça o que puder para evitar aquilo que, se não for evitado, será a desgraça eterna deste estado.

– Sente-se, pelo amor de Deus! – fora tudo o que ele conseguira dizer ao advogado naquele dia, quando lhe fizera aquele último apelo. Nem mesmo escutara com clareza as palavras que recordava agora tão cruelmente. Mas, depois de terminar o apelo, o advogado de Sacco e Vanzetti ficara olhando para ele, da mesma forma como o professor de Direito Criminal o olhava agora. No seu espírito, o presidente da universidade procurava formular palavras que pareciam não querer tomar forma. Palavras como *Terei de pedir que apresente sua demissão.* Mas não conseguia formar a frase ou dizer essas palavras. "Completamente sozinho", disse ele, falando consigo mesmo.

– O senhor está velho – disse o professor de Direito Criminal, falando amargamente –, mas, apesar disso, ama a morte. Velho, o senhor é um carrasco!

— Como ousa falar-me assim?

O instrutor observava a cena e escutava num silêncio horrorizado, mas o reitor da Faculdade de Direito exclamou:

— O senhor enlouqueceu, professor?

— Não, não, em absoluto. Por que razão me chamaram aqui?

O velho, que era um dos membros da alta aristocracia de uma nação que, supostamente, não tinha aristocracia, subitamente leu de novo, no seu espírito, o documento que assinara... e, agora, assinou-o de novo, no olho da sua mente, com mão trêmula, enquanto seu olhar percorria as linhas que ele próprio ditara:

— O álibi de Vanzetti é decididamente muito fraco. Uma das testemunhas, Rosen, deu à comissão a impressão de ter mentido durante o julgamento; outra, a Sra. Brini, já depusera a seu favor no caso de Bridgewater, e duas outras testemunhas não pareciam muito certas da data senão quando tiveram uma conversa. Nessas circunstâncias, se ele estava com Sacco ou no carro dos bandidos, ou mesmo em South Braintree, naquele dia, é indiscutivelmente culpado, já que não havia qualquer razão para que, caso fosse inocente, jurasse ter passado o dia em Plymouth. Mas há quatro pessoas que juraram tê-lo visto: Dolbeare, que o viu num carro na rua principal de South Braintree; Levangie, que também afirmou tê-lo visto ao volante quando fugiu no carro depois do assassinato; e Austin T. Reed, que declarou que Vanzetti lhe disse um palavrão ao passar de carro pelo cruzamento da estrada de ferro, em Matfield. O quarto homem é Faulkner, que jurou que Vanzetti lhe fizera uma pergunta num vagão para fumantes no trajeto de Plymouth para South Braintree no dia seguinte ao do assassinato, e que o viu descer nessa estação. O testemunho de Faulkner foi anulado por duas razões: em primeiro lugar, por haver dito que se tratava de um carro misto, para fumantes e bagagem, e não existir tal vagão nesse trem, mas a descrição que fez do seu interior condiz exatamente com a de um carro para fumantes; e, em segundo lugar, porque nenhuma passagem para esse exato percurso fora vendida em qualquer estação de Plymouth. Além disso, ninguém viu esse Faulkner, a não ser Vanzetti. Mas devemos recordar que o seu rosto é muito menos comum e mais facilmente identificável do que o de Sacco. Assim, é de estranhar que, fora esse Faulkner, ninguém o tenha visto no trem. De um modo geral, somos de opinião que Vanzetti também foi culpado, sem sombra de dúvida.

— Tem sido dito que um crime dessa natureza deve ter sido cometido por profissionais e que deveríamos ter procurado os criminosos entre as fileiras das gangues mais conhecidas, mas para a comissão tanto esse crime quanto o de Bridgewater não parecem apresentar as marcas de profissionais, mas sim de homens inexperientes em tais crimes.

Essa fora a conclusão do presidente da universidade, depois de a comissão ter examinado todas as provas existentes. O presidente assinara essa declaração como alguém assina uma pena de morte. Por que razão teria ele medo agora se representara o papel de carrasco com tanta certeza?

— Para que mandou me chamar? — perguntou uma vez mais o professor de Direito Criminal. — Para me repreender? Para pedir minha demissão? Eu não me demitirei! Para ser o judeu expiatório? Não serei esse judeu expiatório!

— O senhor está sendo impertinente! Saia daqui! — exclamou o presidente da universidade.

— E o senhor é um velho, mas Sacco tem apenas 36 anos de idade e Vanzetti ainda não chegou aos 40. O senhor está coberto pela morte, pela morte e pelo ódio!

Depois de pronunciar estas palavras, o professor voltou-lhe as costas e saiu da sala.

Deixou atrás de si uma sala carregada de tensão e envolta num silêncio profundo, sem o menor movimento, a não ser os tremores do velho, que tinha um nome a zelar, dinheiro, um cargo de destaque, mas que agora estava tão pobre quanto um homem podia ser, assustado e tremendamente consciente da morte. Todavia, o professor de Direito Criminal também não obtivera uma vitória. Pudera dizer o que desejara por se encontrar numa posição vantajosa; estava coberto pelo manto de justiça; mas quanta coisa deixara de dizer, de desmascarar? Teria ele compreendido com suficiente clareza por que razão aqueles dois homens deviam morrer? Ou seria isso algo que até ele receava desafiar com a compreensão?

6

Às onze horas da manhã a prisão de Charlestown recebeu reforços e quem os viu chegar teve a impressão de que uma pequena guerra começara e que essas tropas avançavam para enfrentar o inimigo. Havia homens armados sentados em caminhões abertos, motocicletas com metralhadoras nos *sidecars* e um caminhão com projetores especiais, capazes de produzir jatos de luz que atravessavam o nevoeiro ou a escuridão da noite numa extensão de quase 5 quilômetros. Com as sirenes tocando estridentemente, pararam diante da prisão e o diretor, que fora avisado de que talvez surgissem problemas e de que mandariam reforços, saiu para recebê-los, embora os olhasse com alguma dúvida.

Quando o chefe da polícia estadual telefonara e lhe dissera que, cumprindo ordens do governador, estava enviando forças adicionais para a prisão, o diretor respondera com certa má vontade e bastante irritação:

— Mas que espécie de problemas esperam?

Não lhe disseram. Não tinham meios de saber de que tipo seriam. Tinham apenas a impressão de que algo se preparava e que seria conveniente, por precaução, enviar esses reforços.

— Bem, se é o que pensam, então devem saber alguma coisa... – dissera o diretor ao chefe da polícia, pensando com seus botões que certamente havia mesmo muita confusão e antes de aquele amargo dia terminar haveria muito mais.

Que pensariam eles? O diretor não tinha a menor idéia. Julgariam, talvez, que houvesse um exército a caminho para explodir os muros da prisão e salvar os dois anarquistas? No seu próprio espírito, o diretor adotara uma posição algo defensiva no que se referia a Sacco e Vanzetti. Convencera-se, gradualmente, de que conhecia os dois condenados de uma maneira que era inacessível à mulher e ao homem comuns. Sabia perfeitamente como esses dois pobres-diabos eram tranqüilos e gentis. Tratava-se de um conhecimento que só se obtém dentro das paredes de uma prisão e em nenhum outro lugar. O diretor tinha muitos anos de experiência para saber como certas pessoas eram tranqüilas e generosas, pessoas essas que, por vezes, o mundo exterior condenava com voz unânime.

Agora o diretor saíra da prisão para conversar com o capitão da polícia estadual que chefiava o destacamento. Disse-lhe, mal-humorado, que podia espalhar seus homens pelo terreno como bem entendesse.

— Que espécie de problema está esperando? – perguntou o capitão.

— Não espero problema algum! – exclamou o diretor, exasperado. – Não o seu tipo de problema, pelo menos!

Em seguida, voltou para seu gabinete, deixando o capitão da polícia falando com um tenente.

— Que lhe terá acontecido? – perguntava o capitão. – Até parece que tem alguma coisa contra nós!

O diretor chegou ao seu escritório com o rosto tão sombrio e ameaçador quanto um céu coberto por nuvens. Várias pessoas que o esperavam e que tinham assuntos diversos para tratar com ele mudaram de idéia e decidiram que tais assuntos poderiam esperar até que sua disposição mudasse um pouco; isto é, todos, menos o eletricista, pois, tal como o diretor, não escolhera este dia, mas tinha de encará-lo e resolver alguns problemas com o diretor, estivesse ele de cara fechada ou não. Entrou no gabinete e disse-lhe com a necessária aspereza que já eram onze e quinze da manhã e que ele ainda não testara a corrente.

— E por que diabo não a testou? – quis saber o diretor.

— Porque me disseram que teria de falar primeiro com o senhor – respondeu o eletricista, na defensiva.

O diretor recordava agora que dera essas instruções. Tratava-se, apenas, de um simples gesto de generosidade de sua parte, pois não seria bom que toda a população da prisão visse as luzes apagarem-se, acenderem-se, voltarem a enfraquecer e acender-se de novo. Quando isso acontecesse, todos saberiam que a cadeira elétrica estava sendo testada e que se tratava de uma espécie de ensaio para usurparem a vida dos italianos. Não sendo um homem completamente destituído de sensibilidade, tinha a consciência de que cada prisioneiro compartilhava, até certo ponto, o sofrimento dos três infelizes, esperando o momento da execução com medo e, pelo menos, certo desespero. A prisão encerrava sua população numa unidade como um corpo vivo, e sempre que uma parte desse corpo morria um pouco de cada indivíduo também morria. As pessoas que nunca estiveram numa prisão, que nunca trabalharam numa delas ou que nunca estiveram presas jamais compreenderão que criminosos comuns manifestem certa simpatia ou solidariedade em relação a homens condenados à morte. O diretor sabia, contudo, que essa unidade de dor comum era um fato. Não gostava de provocar desnecessariamente tais sentimentos em centenas de homens e também podia imaginar a dor mental causada em Sacco, Vanzetti e Madeiros durante qualquer ensaio com a corrente elétrica. Apesar de terem de morrer várias vezes antes daquele dia findar, parecia-lhe desnecessariamente cruel aumentar ainda mais o pavor.

O diretor explicou isso ao eletricista, que concordou, mas ressaltando que nada poderia fazer para evitar os testes.

— Não podemos ter certeza de que a fiação ou os fusíveis resistirão à carga com que temos de alimentar a cadeira. Cá entre nós, senhor diretor, essa é a mais diabólica maneira de matar um ser humano inventada até hoje e nem mesmo compreendo por que a inventaram. Não faz sentido sentar um homem numa cadeira elétrica e, depois, fazer passar uma tal corrente pelo seu corpo. Se pensam que é indolor, enganam-se redondamente! Basta ver a coisa uma vez para saber como é indolor! Digo-lhe mais, senhor diretor, se tivesse de escolher entre esse tipo de coisa e ser enforcado, preferia mil vezes ser enforcado. Preferia mesmo ser fuzilado ou qualquer outra coisa a ter de me sentar naquela cadeira!

— Não pedi sua opinião sobre o assunto, homem! – exclamou o diretor, irritado. – Só pergunto se tem de testar essa cadeira o dia inteiro!

— Bem, era isso que eu estava querendo explicar – respondeu o eletricista. – Suponhamos que o senhor coloque um desses homens na cadeira, eu ligo a corrente e há um curto-circuito. Digamos que um fio ou um fusível se queime. Bem, seria uma linda situação, não acha? Sim, seria ótimo que um desses desgraçados ficasse ali sentado, com os eletrodos na cabeça e de olhos vendados, durante duas horas, até localizarmos o fio ou o fusível, até a execução começar de novo...

— Sim, é claro... não queremos que isso aconteça – disse o diretor. – Você pode estar certo de que é a última coisa que eu desejo que aconteça. Mas por que não pode experimentar a instalação esta noite?

— Não é assim que a coisa funciona – explicou o eletricista. – Temos de testar a carga várias vezes e encontrar os pontos fracos. Assim, podemos corrigir todos esses pontos fracos, e quando a noite chegar, estará tudo em ordem. Saberemos que, quando ligarmos a corrente, a cadeira e todo o sistema elétrico da prisão agüentarão a carga.

— Muito bem, então, ao diabo com isso! – disse o diretor. – Pode ir fazer seus testes!

O eletricista afastou-se e, pouco depois, sentados em suas celas, Sacco e Vanzetti viram as luzes piscar várias vezes. Ambos ficaram rígidos quando isso aconteceu. De certo modo, morriam enquanto ainda viviam.

Havia apenas três celas no corredor da morte. Os construtores dessa ala – conhecida pelo nome de Colina das Cerejas, por qualquer estranha razão que todos ignoravam – não tinham imaginado uma contingência em que houvesse mais de três homens aguardando execução ao mesmo tempo. Por isso o corredor da morte consistia em três sombrias celas, sem ar e sem luz natural. Estavam dispostas em fila, lado a lado, e em vez da porta com grades que em geral as celas têm, essas três possuíam pesadas portas de madeira apenas com uma pequena grade em cada uma delas. Assim, era necessário iluminar as celas artificialmente e, para os homens que as ocupavam, elas pareciam encolher, diminuir, retrair-se com uma intensidade fora do comum e um lento e excessivo horror sempre que o sistema elétrico da prisão era testado.

Nicola Sacco, sentado na cama e observando a luz diminuir de novo, escutou um grito violento, incisivo e carregado de súbita e insuportável dor, que vinha da cela ao lado, a de Madeiros. O grito morreu e foi seguido por uma série de lamentos. Sacco sentiu que em toda a sua vida jamais escutara algo tão triste, tão desesperador e trágico quanto os lamentos do infeliz, assustado e amaldiçoado ladrão. Depois, com seus ouvidos já tão habituados a qualquer mudança de som dentro da prisão, ouviu Madeiros cair na sua cama e começar a soluçar. Isso era mais do que Sacco podia suportar. Levantou-se com um salto, correu para a porta da cela e gritou pela pequena grade:

— Madeiros, Madeiros, está me ouvindo?

— Sim, estou. Que quer o senhor? – perguntou o outro, falando com dificuldade entre soluços.

— Quero reconfortar você um pouco. Quero que ganhe coragem.

Ao mesmo tempo que dizia isso, Sacco compreendeu que não sabia de todo o que poderia reconfortar qualquer um deles três e onde poderiam encontrar coragem ou esperança. Como se ecoando seus pensamentos, Madeiros respondeu:

— Ganhar coragem para quê?

— Ainda há esperanças...

— Para o senhor talvez, Sr. Sacco. Talvez haja esperança para o senhor, mas para mim, não. Eu vou morrer. Nada em todo o mundo pode mudar isso. Dentro de pouco tempo, morrerei, sem a menor sombra de dúvida.

— Não é verdade! – exclamou Sacco, sentindo-se melhor, agora que tinha de lutar contra o medo de outro homem. – Não é verdade, Madeiros! Não podem tirar-lhe a vida até que nos executem. Enquanto nos conservarem vivos, também precisarão manter você vivo, pois é a mais importante testemunha material de todo o caso Sacco e Vanzetti. Escute... escute bem o que vou dizer. Por que razão pensa que estamos aqui juntos? É simplesmente porque nossos destinos estão ligados. Ainda não há razão para chorar.

— Não será a morte um bom motivo para se chorar? – perguntou Madeiros, soluçando e fazendo a pergunta como uma criança poderia fazer uma pergunta totalmente patética e óbvia, cuja resposta fosse igualmente patética e óbvia.

— Você só fala em morte. Este não é o momento para pensar na morte, falar de morte, só pelo fato de estarem brincando com a luz. Que importa isso? Quem é que se preocupa com a luz? Deixe que liguem e desliguem a luz o dia inteiro, se é isso que querem fazer!

— Estão experimentando a cadeira elétrica na qual vamos morrer!

— Pronto! Lá vem você outra vez! – exclamou Sacco. – Só fala de morte... em morrer! O problema é que se deixou vencer...

— Sim, isso mesmo. Deixei-me vencer. É tudo um desperdício...

— O que é um desperdício?

— A minha vida foi toda desperdiçada. Nunca fiz o que quer que fosse com ela. Foi toda errada. Errei e desperdicei-a desde o dia em que nasci. Mas a culpa não foi minha. Entende, Sr. Sacco? Não fui eu! Uma outra coisa qualquer fez com que eu fosse assim. Certa vez, conversei com o Sr. Vanzetti a esse respeito e ele procurou explicar-me algumas das coisas que me fizeram ser assim. Escutei muito atentamente enquanto ele me explicava. Começava a compreender o que ele dizia e de repente não compreendia mais. Sabe do que estou falando, Sr. Sacco?

— Sei – respondeu Sacco. – Pobre rapaz... é claro que sei.

— Mas foi tudo desperdiçado.

— A vida nunca é desperdiçada – disse Sacco. – Madeiros, juro que estou dizendo algo que é uma profunda verdade. A vida nunca é um desperdício. É errado dizer que sua vida foi desperdiçada só por ter feito algumas coisas erradas. Que sucedia com meu querido filho? Acha que quando ele fazia qualquer coisa de ruim eu o trancava num quarto escuro? Não. Eu procurava explicar-lhe que há coisas boas e coisas ruins. Às vezes, era muito difícil fazê-lo ver a diferença entre o bem e o mal, porque um menino não é um homem crescido e conhecedor da vida. Bem, isso era porque ele tinha pai; ele tinha a sorte de ter um pai para lhe explicar essas coisas. Mas se alguém faz algo errado quando tem 18, 19 ou 20 anos de idade, aí a história é outra. Ninguém pensa em perder um pouco de tempo e sentar-se ao lado desse rapaz para lhe explicar claramente o que é certo e o que é errado.

Sacco escutou Madeiros começar de novo a soluçar e gritou-lhe:

— Madeiros, Madeiros, por favor! Eu não queria que minhas palavras o deixassem ainda mais triste. Estava apenas tentando dizer-lhe que a vida não é um desperdício. Eu penso da seguinte maneira... Quer que lhe diga como encaro as coisas, Madeiros?

— Diga-me, sim, Sr. Sacco, por favor — respondeu o ladrão. — Desculpe-me, se choro. Isso acontece porque não consigo controlar-me. Não quero ter um ataque, mas às vezes tenho. Não quero chorar, mas às vezes choro, quer queira ou não.

— Compreendo perfeitamente — disse Sacco, falando pausadamente. — Escute o que penso, Madeiros. Acho que cada vida humana está ligada às outras vidas humanas. É como se existissem fios invisíveis que fossem de um de nós para todos os outros. Nos momentos mais terríveis, quando estou cheio de ódio pelo juiz que foi tão cruel e tão insensível na maneira como nos condenou, ainda digo para mim mesmo: ele não deve ser odiado de uma forma tão pouco razoável. Ele é parte dos seres humanos, tal como você. Ele também está ligado por fios a todos nós. Só que se encheu de doença e de ódio. Entende o que estou dizendo, Madeiros?

— Estou procurando fazer todo o possível para compreender — respondeu Madeiros. — Não será sua culpa se eu não compreender.

— Mas a vida não é em vão — insistiu Sacco. Depois, elevou a voz e chamou Vanzetti, como se para obter confirmação. — Bartolomeo! Bartolomeo! — chamou. — Você escutou tudo?

— Escutei, sim — respondeu Vanzetti, em pé, junto à porta de sua própria cela, com as lágrimas correndo suavemente pelo rosto.

— Não tenho razão quando digo a Madeiros que nunca uma vida humana é desperdiçada?

– Você tem razão – respondeu Vanzetti. – Nick, você tem toda razão, e revelou grande sabedoria. Ouça-o com atenção, quando ele fala, Madeiros. Nick é muito sensato e generoso.

Nesse momento, os sinos da prisão repicaram, anunciando o meio-dia. Eram doze horas de 22 de agosto de 1927.

7

Há uma diferença de seis horas entre a cidade de Boston, no estado de Massachusetts, e Roma, na Itália. Quando é meio-dia na Costa Leste dos Estados Unidos, as sombras do fim da tarde já desceram sobre as belas ruínas dos monumentos, as encantadoras praças e as quentes e miseráveis favelas de Roma.

Era a hora em que o ditador fazia seus exercícios da tarde, antes de se vestir para o jantar. Tais exercícios não eram pura rotina, nem sempre eram iguais, já que, em certos dias, ele pulava corda; em outros, praticava um pouco de boxe e ainda, em outros, esgrimia com a antiga espada e escudo romanos. Orgulhava-se de suas proezas físicas, e quando fazia uma sessão de boxe no que ele costumava chamar "o estilo americano", atacava de perto, não dando quartel a seu oponente e não mostrando a menor misericórdia. Fosse de boa ou de má vontade, o infeliz adversário tinha de aceitar o castigo, compreendendo que havia limites naturais no sentido esportivo até mesmo deste homem, que era o mais esportivo dos governantes. Por outro lado, o ditador tinha grande prazer no contato físico proporcionado pelo boxe, no sólido impacto do couro contra a carne e na sensação de conquista física que isso lhe proporcionava.

Sua melhor e mais saudável rotina consistia em dez minutos de furioso pedalar sobre uma bicicleta ergométrica, cinco minutos remando numa armação imóvel e dez minutos de boxe contra dois oponentes – o fato de serem dois era um prêmio especial para a vaidade do ditador –, o que era seguido por um mergulho e, depois, por um banho bem frio, refrescante, com a água como agulhas geladas picando-lhe todo o corpo.

Tão nu quanto no dia em que nascera, o ditador saía do banho dando palmadas no peito e enchendo os pulmões de ar repetidas vezes, enquanto três ajudantes esfregavam-lhe a pele e o enxugavam. O ditador adorava fazer isso diante do espelho, de modo que pudesse apreciar as dimensões do próprio peito, admirar os robustos membros e sua saudável e clara pele. Essa operação terminava, muitas vezes, com uma autêntica massagem. O ditador sentia grande contentamento no prazer sensual de se deitar na mesa de massagens, enquanto os experientes dedos do massagista exploravam cada músculo e tendão do seu corpo; e em tais momentos ele sentia uma certa excitação na sua nudez, entregando-se completa e perigosamente à mercê do massagista. Nu e desprotegido, ficava deitado, distendido e abandonado, enquanto o sangue começava a correr mais veloz e livremente através de seus membros e sua pele latejava com nova vida.

Tais momentos eram altamente sensuais e, muitas vezes, ele os ocupava planejando algum pequeno prazer que pudesse conceder a si mesmo antes do jantar. O ditador não precisava privar-se de tais prazeres e gostava de dizer a seus amigos que nenhuma relação com uma mulher era tão compensadora ou tão deliciosa quanto a que ocorria no fim da tarde, antes do jantar. Nesse dia, já estava brincando com tal pensamento, criando imagens nos recantos especiais de seu espírito que eram reservados e dedicados a esse prazer. Nesse dia, então, permitiu-se uma massagem completa. Estendeu-se como um enorme gato, enquanto o óleo era vertido sobre seu corpo, e muitas das preocupações e tensões do dia foram desaparecendo enquanto a massagem ia sendo feita. Era natural, portanto, que fosse planejando tanto o amor e as brincadeiras quanto certos assuntos oficiais significativos, durante essa massagem. Assim, quando voltou a levantar-se, sentia-se estimulado não só pela massagem física, como também pela excitação produzida por seus pensamentos. Mirou-se no espelho com novo interesse. Examinou a carne da barriga e testou-a para ver se encontrava algum excesso ou alguns tecidos mais moles que indicassem a aproximação da meia-idade.

A idade o aterrorizava da mesma forma como a morte o horrorizava. Seus piores momentos eram aqueles, portanto, em que refletia sobre a idade e a morte. Recentemente, pensara nesses dois infelizes estados um pouco mais do que as circunstâncias da sua vida e da sua posição pareciam justificar.

As circunstâncias, em si, eram bastante boas, já que, segundo lhe parecia, sua própria posição e a posição do país jamais tinham sido melhores. Os últimos focos de resistência já haviam sido eliminados. A ameaça do comunismo fora esmagada decisivamente – de uma vez para sempre. Alguns dias antes, aparecera, orgulhosa e arrogantemente, na varanda de seu palácio, diante de um grande mar de rostos humanos, centenas e milhares de pessoas comprimidas lá embaixo, que trovejavam em uníssono a tremenda ovação:

– *Duce! Duce! Duce!*

Falara-lhes do que conseguira para eles. Informou-lhes de que a ameaça bolchevista, o monstro comunista que não concebia Deus, havia sido destruído, da mesma forma como, havia já tanto tempo, os dragões da perfídia tinham sido destruídos pelos campeões da cavalaria. O bolchevismo italiano morrera; o comunismo italiano estava morto. Havia ordem em todo o país e mil anos de fertilidade esperavam o fascismo; durante esses anos todos, as riquezas do mundo inteiro recompensariam aqueles que acreditassem, obedecessem e o seguissem.

Apesar de tudo isso, apesar da grande ovação que recebera, apesar da adulação de todos os que o rodeavam, apesar do crescente respeito que estava ganhando na frente diplomática por parte das grandes potências que ele tanto invejava e admirava – a França, a Grã-Bretanha e os Estados Unidos da América –, apesar da prova de que seu vigor físico não diminuíra e de que sua capacidade de nobre e viril varão continuava sem igual, apesar de todas essas felizes circunstâncias, sentira-se deprimido nos últimos tempos e, também, mais do que um pouco perturbado e preocupado por não poder localizar a fonte dessa depressão.

Algumas noites antes, jantara com um conhecido psiquiatra de Viena – ele tinha imensa, embora secreta, admiração por essa profissão – e lhe perguntara se ele acreditava ou não que os antigos imperadores romanos estavam convencidos da sua condição divina e da sua própria imortalidade.

– Bem, *duce* – respondera o vienense –, as duas coisas têm de ser encaradas separadamente. A divindade e a imortalidade não são palavras sinônimas. Só atualmente é que se concede vida eterna aos deuses. Antigamente, havia deuses que viviam durante muito, muito tempo, mas havia outros que morriam tal como os homens morrem. Não creio que as antigas civilizações chegassem mesmo a considerar os deuses seres imortais; jamais se preocuparam com esse problema, na verdade, já que não se sentiam perturbados, como nós, por uma espécie de ânsia pela vida eterna.

O ditador não sabia se esse era verdadeiramente o caso. Não era raro que o ditador se identificasse com os antigos governantes da Roma imperial. Uma sociedade de escultores da Toscana oferecera-lhe três bustos de antigos romanos que se pareciam tanto com ele que cada um deles poderia ter sido facilmente seu irmão gêmeo. Além disso, não era incomum que ele sonhasse que era um deus e, depois, quando acordava de tal sonho, era-lhe sempre difícil separar sua pessoa do deus ou o deus de sua pessoa. O ditador costumava rir de si mesmo, dando provas de uma boa disposição fora do comum, pelo fato de se entregar a tais veleidades, mas a verdade é que, ao mesmo tempo, reservara-se a convicção de que havia ainda muitos mistérios por esclarecer, mistérios esses que jamais haviam sido solucionados, fosse pela ciência, fosse pela filosofia. Falando de um modo totalmente despreocupado, com um bom humor surpreendente, o ditador transmitiu parte de seus pensamentos ao psiquiatra austríaco, embora sempre num tom de brincadeira, pois sabia que todos os homens falavam muito e que gostavam, particularmente, de falar sobre os grandes, e ele não tinha o menor desejo de que se espalhasse que o *duce* tinha ilusões, a seu próprio respeito, de afirmações de divindade. O psiquiatra, entretanto, sendo um homem sensível aos menores caprichos do ditador, pressentiu o que havia em seu espírito e insistiu no assunto, dando a entender que ele, o *duce*, tinha tanto direito à condição divina quanto qualquer sucessor de Júlio César.

— Sabemos tão pouco a respeito do corpo — disse o psiquiatra, falando com certa razão. — Seus mistérios são intermináveis e quase virgens. Tomemos, por exemplo, as glândulas sem ducto... que segredos nos poderiam revelar se nos pudessem falar na sua própria língua química, segredos, sem dúvida, fora do alcance da imaginação humana. Quem nos pode dizer que o homem não é pó? Que sai do pó e que para ele volta? Por que razão morrem os homens? Só podemos tentar adivinhar. A velhice também é um mistério!

– Mas os homens de fato morrem – argumentou o ditador, insistindo no assunto para que o psiquiatra levasse a conversa adiante pelo mesmo caminho.

– Morrem? – perguntou o vienense, franzindo a testa. – Como é que sabemos? Teremos nós um registro dos nascimentos e das mortes de todos os homens? Suponhamos que o corpo e o espírito de um homem conquistaram a imortalidade, não misticamente, mas sim com toda a sua química interna. Esse homem verificaria que, com a passagem dos anos, não envelhecia. Uma vez que o indício se transformasse num fato real, ele teria de enfrentar a situação e lidar com ela. Em outras palavras, embora vivesse, teria de simular a morte, teria de desaparecer, teria de fingir um suicídio, de emigrar, de fugir, de se mudar de cidade para cidade. Como sabemos que não foi isso que aconteceu com muitas pessoas? Se esse fosse o caso, tais segredos seriam os segredos mais bem guardados que um ser humano poderia possuir, já que se se tornassem conhecidos pelos seres inferiores a eles, que devem morrer quando chega sua hora, eles se voltariam contra o imortal e o destruiriam tão cruelmente quanto os lobos destroem uma corça.

O ditador saboreou cada palavra dessa fantástica teoria, e embora procurasse ocultar a ansiedade e a intensa atenção com que a escutara, seus poderes de simulação não pareciam adaptar-se muito bem a essa necessidade específica.

— Mas se tal dom fosse concedido a homens poderosos, estes, por certo, não teriam de esconder-se e de fingir...

— Mas quantos homens poderosos existiram desde que a história começou? — perguntou o psiquiatra, falando suavemente. — Se estudarmos o caso estatisticamente, teremos de reconhecer que não houve até agora um número suficiente de homens poderosos para testar a teoria, e refiro-me a homens verdadeiramente poderosos, para testar o indiscutível poder que, uma vez em cada milênio, é concedido a um homem de uma imensa sabedoria, força de vontade e controle...

Essa conversa fora uma das coisas mais gratificantes e maravilhosas que o ditador já experimentara. E na noite em que se verificara, ele dormira como uma criança, sem medo ou qualquer pressentimento de coisas ruins — nem mesmo tendo de enfrentar qualquer um dos gélidos horrores mentais da sua própria morte, sem ressurreição, nos solitários momentos antes de adormecer.

Hoje, contudo, emergindo do totalmente satisfatório exercício, do banho e da massagem, o ditador sentia-se pessimista e pouco à vontade, não compreendendo por que razão sua paz de espírito o abandonara tão subitamente. Já se enrolava numa grande toalha, preparando-se para ir para o quarto de vestir, quando seu secretário entrou com um monte de documentos e mensagens, pronto para se ocupar de alguns negócios de Estado, enquanto o ditador se vestia.

— Isso tudo pode esperar — protestou o ditador. — Não estou com disposição para tratar de assuntos oficiais. Não reparou que não estou?

— Alguns destes assuntos podem esperar, outros, não.

O ditador e seu secretário caminharam juntos até o quarto de vestir. Enquanto se vestia, com o auxílio de dois ajudantes, olhou para alguns dos documentos que requeriam sua atenção.

— Isto pode esperar — repetiu. — E isto também, com certeza! Acho de muito mau gosto ser importunado com esse tipo de coisa, quando digo que não estou com disposição para tratar de tais assuntos. Isto é um requerimento para a concessão de uma linha de bondes para esse porco obeso que é Ginetti. Já o informamos de quanto custaria. Ele está fingindo que não nos ouviu e que não tem idéia de quanto lhe custará. Esse tipo de comportamento é muito irritante. Devolva-lhe o requerimento. Diga-lhe que estou aborrecido com ele e que terá de engoli-lo se não atender o que lhe digo. O ministro holandês pode esperar. Quanto mais indignidades jogo sobre os holandeses, mais satisfaço minha antipatia pelos alemães. Quanto a esse Santani, considero-o um gângster. Não terei o menor contato com ele por menos de 1 milhão de liras. Esse é o preço da respeitabilidade, e se não pagar em trinta dias, a quantia passará para 2 milhões. E agora temos aqui novamente o caso de Sacco e Vanzetti. Será que nunca serei informado do fim desse caso? Só me falam em Sacco e Vanzetti da manhã à noite, todos os dias, ano após ano. Esses nomes já me enjoam. Que esses comunistas sejam assados no inferno! Não quero tornar a ouvir esses nomes!

O ditador acabou de vestir-se. Seu secretário, que ficara a seu lado, esperou pacientemente e, depois, disse:

— Entendo perfeitamente. Entretanto, Sacco e Vanzetti são figuras importantes para o povo.

— Diga-lhes que estamos estudando o caso e que faremos tudo o que for possível para atenuar a severidade com que esses bastardos vermelhos estão sendo tratados.

Os dois homens encaminharam-se para o escritório e, no caminho, o ministro do Trabalho juntou-se a eles. O secretário e o ministro do Trabalho, ambos caminhando um passo atrás do ditador, olharam um para o outro e se comunicaram por meio de piscadelas. Ficaram quatro passos atrás quando o ditador entrou no escritório e esperaram, enquanto ele caminhava os vinte passos que o separavam de sua mesa de trabalho. Quando se sentou e olhou para eles, a expressão do ditador era sombria e parecia furiosa, havendo, sob essa fúria, uma grande dose de petulância. Estava sendo perseguido. Homens como estes, seus próprios servidores, seus auxiliares diretos, seus próprios bajuladores, tinham-se tornado suficientemente atrevidos para o incomodarem e, em vez de dispor da próxima hora conforme desejara, eles queriam que essa hora fosse para eles.

— Nicola Sacco e Bartolomeo Vanzetti... — começou o secretário.

— O assunto desses dois homens está encerrado — disse o ditador, falando firmemente.

O ministro do Trabalho avançou dois passos na direção do ditador e falou, usando uma mistura de prudência, de atenção e, ao mesmo tempo, de confidência:

— O senhor não será incomodado indefinidamente com esse assunto. Os dois serão executados esta noite. Assim, de certo modo, a coisa terminará. O que desejo ressaltar é que chegou o momento em que esse caso se encerrará por conta própria.

Incapaz de desvendar claramente ou de imaginar completamente a expressão de ira que havia no rosto do ditador, o ministro do Trabalho fez uma pausa, esperou e, depois, perguntou:

— Permite-me que continue? Existem certos fatos relacionados com esse processo que devem ser pesados e certas coisas que precisam ser feitas. Mas o senhor talvez não deseje escutar todos os fatos.

— Continue – disse o ditador, falando friamente.

— Perfeitamente. Como disse, o assunto será encerrado esta noite. Os dois homens serão executados e depois, seja qual for a reação do mundo, o assunto morrerá rapidamente. Não é possível conduzir uma campanha de agitação pelos mortos. A estabilidade da morte impede que tal campanha seja eficaz. Nada realmente poderia ser conseguido mediante uma campanha dessas, pois a morte é imutável.

— Como sabe que a execução não será adiada de novo? – perguntou o ditador.

— Estou convencido de que não o será. Esta manhã, quando os operários saíram de suas fábricas para o almoço, houve uma passeata de milhares de pessoas diante da embaixada dos Estados Unidos. Foram lançadas pedras, janelas foram quebradas e o automóvel do encarregado de Negócios da embaixada da França, que estava estacionado em frente da embaixada americana, foi incendiado. A polícia acabou com a passeata e 22 dos seus líderes foram presos. Dois deles, temos quase a certeza, eram comunistas. Os outros, entretanto, são inteiramente novos para nós e para nossos arquivos, o que revela quanto a revolta causada por Sacco e Vanzetti se espalhou amplamente e de como foi usada tão inteligentemente. Isso deixa a polícia numa posição embaraçosa, já que a defesa de Sacco e Vanzetti se transformou numa questão de orgulho e de honra nacional. Tem havido casos demais de insultos e de indignidades para com os imigrantes italianos nos Estados Unidos, especialmente nos últimos tempos, para que o povo fique indiferente a esse assunto. Os italianos encaram o caso como uma questão de honra nacional. Assim, emiti uma ordem para que a polícia libertasse todos os presos, incluindo os dois que suspeitamos que sejam comunistas e que, aliás, serão mantidos sob vigilância, para que nos possam ser úteis. Penso que o senhor concordará que essa decisão, nas presentes circunstâncias, foi a melhor que se poderia tomar.

— Continue — disse o ditador, depois de concordar.

— Encontrei-me com o embaixador dos Estados Unidos às duas horas. Ele tem muito apreço pelo senhor, *duce*, e declarou que pode ficar tranqüilo quanto a esse assunto. Disse que tudo acabará logo e que deixará de ser uma fonte de agitação.

— Ele disse isso? — perguntou o ditador, já menos zangado.

— Usou exatamente essas palavras — confirmou o ministro do Trabalho, voltando-se para o secretário, como se desejasse uma confirmação. — Não foi o que eu lhe disse? Não usei as mesmas palavras?

— Sim, essas mesmas palavras — disse o secretário, concordando.

— Como estão vendo, a amizade nem sempre é desperdiçada — comentou o ditador, sorrindo pela primeira vez desde que se levantara da mesa de massagens. — Mas há amizades e amizades. Um louco constrói pontes na selva. Um homem sábio cultiva aqueles que possuem influência.

— Às três horas — prosseguiu o ministro — tive um breve encontro com um dos secretários da embaixada, por sugestão do próprio embaixador. Esse secretário informou-me de que podíamos ter a certeza quase absoluta de que a execução será realizada. Disse-me que compreendia perfeitamente que toda a questão dessa execução pendente colocava *il duce* e o seu governo numa posição muito difícil. Pediu-me que lhe assegurasse que todas as partes interessadas compreendiam a delicadeza da sua posição e a difícil natureza do caso. Acrescentou, também, que várias personalidades de destaque tinham manifestado claramente admiração pela maneira como o senhor enfrentara um assunto tão delicado...

– Estão vendo? – exclamou o ditador, dando um soco na mesa, como se para dar ênfase às suas palavras. – Estão vendo o que teria acontecido se eu tivesse seguido os conselhos daqueles porcos que só sabem uma coisa: que um comunista é um comunista? Esses homens têm uma mentalidade de óleo de rícino.

Acabara de criar uma frase original e sorriu, mesmo sem querer. O secretário e o ministro também sorriram. Tratava-se, sem dúvida, de uma frase muito inteligente e incisiva.

– Mentalidade de óleo de rícino – repetiu o ditador. – Todavia, não é possível unir uma nação em torno dessa mentalidade de óleo de rícino. Serão apenas os comunistas que se preocupam com o destino desses dois vermelhos? Nada disso! Eu digo que não! Eu digo que as indignidades e as injustiças sofridas por Sacco e Vanzetti são uma afronta para todo italiano que ama a pátria e que anseia por sua liberdade! Assim, o povo italiano compreenderá que seu líder não é insensível aos sofrimentos de qualquer italiano, esteja ele onde estiver. A honra da Itália é sagrada. Você tem certeza de que esse secretário lhe disse a verdade?

– Tenho certeza absoluta – respondeu o ministro do Trabalho. – Além do mais, neste exato momento, uma delegação da cidade de Villafalletto está esperando lá fora e pediu, ansiosa e humildemente, uma audiência. Villafalletto, como deve saber, é a cidade onde Vanzetti nasceu. Sua família ainda mora lá. Mas acho que dois dos membros da delegação são de Turim.

– Tomou nota de seus nomes? – perguntou o ditador, já muito diferente, com a raiva substituída por uma benevolência patriarcal.

— Temos nomes e impressões digitais. Já iniciamos uma investigação sobre eles, suas amizades e suas vidas. Quando saírem daqui, estarão sob vigilância 24 horas por dia.

— Muito acertado e extremamente competente — disse o ditador, concordando. — Um dos males do nosso povo é a total falta de competência técnica e estou satisfeito por verificar tal eficiência de sua parte. De uma coisa pode estar certo, meu amigo: sempre que uma delegação se reúne e viaja centenas de quilômetros para me ver, pode ter certeza de que haverá comunistas entre eles. Cada pessoa de uma delegação foi tocada pela podre sujeira do comunismo. Lembre-se disso. Bem, agora receberei essa delegação...

Quando a delegação entrou no grande gabinete do ditador, este se levantou de sua mesa, avançou lentamente para receber os recém-chegados e estendeu as mãos para a frente, com os olhos escuros repletos de uma compreensão piedosa ante o que a Itália tinha de enfrentar nesse terrível dia. Assim, na sua expressão e na sua aparência, surgiu uma tristeza que espelhava a dor dos membros da delegação. Esta era chefiada por um velho que, era evidente, trabalhara com as mãos a vida inteira.

O ditador estendeu suas mãos para esse velho e ficou imóvel durante longo momento, num silêncio profundo. O velho trabalhador que chefiava a delegação retirou do bolso o apelo escrito e desdobrou-o cuidadosamente. Enquanto os outros se mantinham atrás dele, com as boinas entre as mãos, o velho leu hesitantemente, não sem um certo medo, numa voz trêmula, a seguinte mensagem:

Mil camponeses e trabalhadores da Itália reuniram-se na cidade de Villafalletto, onde Bartolomeo Vanzetti nasceu. Reunimo-nos em memória de um bom e generoso italiano, que está destinado, injustamente, a morrer esta noite. Decidimos que faríamos tudo ao nosso alcance para impedir essa morte; assim, enviamos humildemente uma delegação formada por representantes das aldeias em volta de Villafalletto, bem como na cidade de Turim, para pedir a *il duce* que intervenha junto ao governo dos Estados Unidos para impedir esse assassinato legal. Conhecemos a força da voz de *il duce* e rogamos, humilde e respeitosamente, que se levante para pedir clemência pelos dois filhos de nossas massas trabalhadoras: Nicola Sacco e Bartolomeo Vanzetti.

Quando o velho acabou de ler, seus olhos cansados encheram-se de lágrimas e sua mão procurou um lenço no bolso. Era indiscutível que tinha alguma relação pessoal com um dos condenados.

Quando o ditador abraçou o velho camponês, todos os presentes ficaram visivelmente emocionados com esse gesto impulsivo. Metade da delegação chorava quando saiu do escritório e o ditador, ao sentar-se de novo diante de sua mesa, também parecia bastante comovido. Ainda dominado pelo espírito da ocasião, chamou um estenógrafo e ditou o seguinte comunicado para a imprensa:

"*Il duce* comunicou-se com o presidente dos Estados Unidos para lhe pedir que as vidas de Nicola Sacco e de Bartolomeo Vanzetti, ambos de origem italiana, sejam poupadas. Pediu ao presidente dos Estados Unidos que tomasse essa medida a fim de consolidar as relações entre a Itália e os Estados Unidos, dentro do ambiente de calorosa amizade já existente entre os dois países há muitos anos.

"O presidente dos Estados Unidos, em resposta à mensagem de *il duce*, transmitiu seu imenso pesar pelo fato desse assunto, em virtude do sistema de governo prevalecente nos Estados Unidos, ter de ser decidido pelo governador do estado de Massachusetts. O presidente dos Estados Unidos, apesar de reconhecer o sincero interesse e a grande preocupação de *il duce*, comunica pesarosamente que não dispõe de poderes para intervir no assunto."

Quando terminou de ditar a mensagem, o ditador disse ao ministro do Trabalho que sua divulgação teria de coincidir com uma declaração de Washington e que a confirmação deveria ser obtida antes de sua própria declaração ser enviada para a imprensa. O ministro do Trabalho garantiu que não haveria dificuldades para alcançar uma conclusão satisfatória de todo o caso.

Tudo isso teve o efeito de uma catarse purificadora e o pessimismo que o ditador sentira antes desaparecera como por encanto. Dentro de vinte minutos poderia sair do escritório e ir para seu quarto e, subitamente, o dia, o futuro, todas as circunstâncias da sua existência haviam-se tornado novamente alegres e otimistas.

8

Tendo iniciado na manhã de 22 de agosto, a passeata de protesto movia-se de um lado para o outro diante do parlamento. O tamanho variava. Quando começara, bem cedo, não havia mais de um punhado de pessoas que, em tom de desafio e muito cientes do que faziam, caminhavam em silêncio para cá e para lá nessas primeiras horas da manhã. Um pouco mais tarde, quando a população começou a dirigir-se para seus locais de trabalho, ela cresceu bastante, tendo havido um breve intervalo por volta do meio-dia, quando foi engrossada por muitos homens e mulheres que se juntavam a ela durante períodos de 15 minutos ou meia hora antes de voltarem para seus empregos.

Antes disso, já aumentara substancialmente, por volta de dez horas, e dezenas de policiais tinham acorrido ao local, espalhando-se e cercando os manifestantes embora dessem a impressão de sólidos defensores de uma população que enfrentava perigosa ameaça. Primeiramente, só havia a polícia municipal; depois, foi reforçada pela polícia estadual; mais tarde, um carro deteve-se numa rua, a pouca distância, com quatro homens sentados em seu interior, cada um deles com uma metralhadora sobre os joelhos, prontos para tudo, caso fosse necessário, embora nenhum dos manifestantes pudesse sequer imaginar o que eles tencionavam fazer. O verdadeiro objetivo dos policiais ali reunidos e dos preparativos semimilitares era mais intimidar do que defender e, nesse processo de intimidação, a polícia já conseguira algum sucesso.

Durante os três ou quatro últimos dias, muitas pessoas interessadas no caso Sacco–Vanzetti tinham chegado a Boston, vindas de todos os pontos dos Estados Unidos. Quando a decisão final do governador do estado no sentido de que Sacco e Vanzetti seriam executados à meia-noite do dia 22 de agosto se tornou conhecida, muitas pessoas em muitas cidades dos Estados Unidos pensaram poder escutar o surdo mas amargo lamento de angústia que se elevou de Boston. Isso foi sentido por uma surpreendente variedade de pessoas. Cientistas e donas de casa, operários e poetas, escritores e mecânicos da estrada de ferro, até mesmo vaqueiros cavalgando no seu solitário trabalho no interior distante compartilharam essa estranha e receosa intimidade com as vidas, as esperanças e os temores de Sacco e Vanzetti. A execução é tão antiga quanto a humanidade e, indiscutivelmente, o número daqueles que eram inocentes, mas que foram executados, é grande. Nunca, porém, uma execução afetara e perturbara tanta gente antes.

Em Seattle, Washington, na véspera de 22 de agosto, um sacerdote negro metodista fez um sermão sobre o caso de Sacco e Vanzetti. Começou recordando uma experiência que sofrera, quando criança, no estado de Alabama. Tais experiências eram bastante comuns no que se referia aos negros nascidos e criados no Sul, o que sempre comovia muito o público. Esse pregador contou como, na pequena cidade onde morava, a sede de sangue dominou o ambiente. Uma pobre mulher, completamente histérica, pusera-se a gritar, dizendo que fora violada. Então, todos os cães do inferno começaram a galopar, como se subitamente raivosos. Apesar de ser um garoto naquele tempo, o sacerdote negro observara uma teia de circunstâncias apertar-se em volta de um homem inocente, até que, finalmente, ele foi linchado. O pregador recordava agora a inevitabilidade dessas circunstâncias e a angústia e o sofrimento do homem encurralado pelos brancos.

– Que vejo neste caso de Sacco e Vanzetti? – perguntou do seu púlpito. – Procuro falar-lhes, meu rebanho de fiéis, como um homem de Deus, o que não é fácil. Mas também terei de falar-lhes como um negro. Não posso esconder mais minha pele do que posso esconder, aqui nesta vida, minha alma. Tenho pensado muito no caso de Sacco e Vanzetti, dizendo a mim mesmo que chegaria o domingo em que eu não poderia manter o silêncio por mais tempo e teria de me pronunciar sobre o assunto. Não me iludo pensando que um sermão de uma só voz possa alterar o terrível destino que espera esses dois pobres homens. Também não me iludo, acreditando que meu próprio silêncio seria justificado por essa compreensão.

"Ontem à noite, conversei com minha mulher e com meus filhos a respeito de Sacco e Vanzetti. Nós cinco, ali sentados, todos indivíduos negros que nem sempre pudemos matar a fome com um pedaço de pão, choramos amargamente. Depois, perguntei-me por que tínhamos chorado. Recordei-me de que alguns historiadores têm afirmado não encontrar na história qualquer prova da paixão de Nosso Senhor Jesus Cristo. Como esses historiadores são cegos! Procuram provas da existência de um Cristo e de uma crucificação quando a história, afinal, fala de dez milhões de crucificações! Até bem pouco tempo, eu e meu povo éramos escravos e, há dois mil anos, houve um escravo revoltoso, chamado Spartacus, que levantou seu povo contra a escravidão e lhe disse que lutasse e se tornasse livre. Ao ser derrotado, seis mil de seus seguidores foram crucificados pelos romanos. Quem pode dizer que a história não faz menção à Paixão de Cristo?

"E procurará alguém, daqui a mil anos, nas páginas da história, descobrir e revelar a paixão de Sacco e Vanzetti? Desejarão eles encontrar páginas em prosa e em verso sobre essa paixão e, se não as encontrarem, dirão que o Filho de Deus jamais morreu por nós? Foi isso que me perguntei, e depois de ter feito a pergunta senti-me dominado por uma grande tristeza, meu coração tornou-se pesado, e quando olhei para a escuridão, procurando luz e um caminho, nada vi. Então, tive de dizer a mim mesmo: *Sois um homem de pouca fé e de ainda menos compreensão*. E tive de me corrigir e de me zangar comigo próprio, visto que, em tão pouco tempo, já esquecera que eu, minha mulher e meus três filhos choramos e soluçamos pelo fato de esses dois imigrantes italianos terem de morrer, pelo fato de uma teia de circunstâncias os ter envolvido e porque nenhuma força em todo o mundo parece capaz de salvar os dois infelizes. Se de tudo isso eu não posso ver mais do que escuridão, então, sem dúvida, deixei de acreditar em Deus ou no Seu Filho, Nosso Senhor Jesus Cristo.

"Mas, como sempre, uma centelha de luz consegue surgir da escuridão. Desejava fazer um sermão e perguntei a mim mesmo: para quem vou pregar? Vi, então, no meu espírito, minha congregação sentada nos bancos e olhei para os fiéis como jamais olhara. Eu nunca me dissera antes que prego para trabalhadores comuns, para lenhadores e para carregadores de água. Sempre pensei nos fiéis como gente, sem necessidade de defini-la como gente trabalhadora. Mas o fato é que minha própria gente é gente trabalhadora, não é verdade? Noto que muitos enxugam as lágrimas. Isso está certo. E, no devido momento, chorarão, pois a paixão de Sacco e de Vanzetti é a vossa e a minha paixão. É a paixão daquele pobre negro da minha infância que foi enforcado por uma multidão enfurecida, composta por homens movidos pelo ódio. É a paixão do trabalhador que vai de um lugar para outro, pedindo que alguém compre a força de seus braços, porque sua mulher e seus filhos passam fome. É a paixão do Filho de Deus, que era carpinteiro.

"Nós somos um povo paciente. Nem mesmo posso calcular com que esforço aprendemos a ter paciência, pois como é possível medir o sangue, as lágrimas e a angústia? Somos um povo paciente e lento na nossa ira. Mas agora já nem sei se se trata de uma virtude ou de um defeito. Disseram que Sacco e Vanzetti têm de morrer. Não sei qual é nosso dever. Somos tão poucos e estamos tão longe deles! Houve um homem, Pedro, que não podia ver seu Senhor e companheiro feito prisioneiro. Assim, desembainhou sua espada, bradando-a. Então, Jesus disse a Pedro:

"'Guarda tua espada: a taça que meu pai me deu... não deverei eu beber dela?'

"Pensei muito nessas palavras, procurando discutir com algo dentro de mim que dizia: *Não, isso não é suficiente*. Não tenho respostas. Meu coração está cheio de tristeza e vim aqui com minha tristeza para lhes pedir que rezem comigo por esses dois homens. Eles vão morrer por nós...'

Essas palavras, ditas pelo sacerdote, eram a expressão daquilo que muitas pessoas sentiam; outros se manifestaram de outras formas. Tão profundo era o sentimento de alguns, que decidiram viajar para Boston. Essas pessoas, na sua maioria, tendo assim decidido, viajaram sem qualquer plano claramente preconcebido sobre o que poderiam conseguir. Bem no fundo, tal como sucedia com o sacerdote negro, sentiam uma necessidade e um desejo de formar uma poderosa voz, mas para manifestar esse tipo de raiva, de indignação, de protesto, as pessoas precisam ser disciplinadas e treinadas. Aquelas não eram disciplinadas, nem haviam sido treinadas para esse tipo de coisa. Alguns daqueles que chegaram a Boston eram poetas que sabiam que naquela cidade havia uma angústia mais profunda do que a força de suas palavras; outros eram cientistas, que sentiam haver lá uma dor e uma doença que nenhuma de suas ciências poderia curar; outros, ainda, que eram trabalhadores, sentiam mais profundamente que eles próprios tinham sido condenados à morte e que o homem não podia morrer assim, sem qualquer protesto. Chegando a Boston, essa gente toda compareceu a reuniões de protesto; fizeram perguntas para as quais não havia respostas simples ou definitivas e, finalmente, a maioria acabava sempre por dirigir seus passos para a praça do parlamento, onde um grupo já se formara havia vários dias.

Muitas não se decidiam juntar-se aos manifestantes. Não era fácil passar por cima do abismo do medo, das dúvidas, do hábito e da inibição. Muitas das pessoas que tinham chegado a Boston jamais tinham visto um protesto organizado, e muito menos marchado em fileiras. Tudo isso era uma completa novidade para essa gente. Não tinham bem a certeza do que aquilo significava, de qual era sua intenção ou do que poderiam realizar; e, por outro lado, algumas dessas pessoas tinham o sentimento de que tudo aquilo talvez fosse um pouco ridículo: aquela marcha incessante, para cá e para lá, empunhando cartazes, gritando frases feitas e, na realidade, murmurando uma oração para o céu, uma amarga oração na qual se rogava que dois homens não morressem de um modo tão bárbaro. Assim, muitas dessas pessoas não se convenciam a participar da passeata. Apesar de insistirem com seus corpos para que avançassem para essas fileiras, uma força mais forte, oposta, vencia esse desejo subjetivo. Elas, então, ficavam como paralisadas numa vaga e angustiada consciência daquilo que essa paralisia significava e de que sua presença só poderia ser simbólica. Mas não ficou paralisada apenas parte dos que tinham vindo para Boston. Muitos milhões, que não tinham vindo, também se encontravam paralisados e, portanto, impotentes, só podendo chorar lágrimas vãs quando, finalmente, um sapateiro italiano e um vendedor de peixe, também italiano, morressem.

Havia outros, entretanto, que não estavam paralisados, que tinham conseguido deixar de lado sua própria relutância e que tomavam seu lugar nas já muitas fileiras da passeata de protesto.

– Cuidado! – diziam alguns, falando consigo mesmos.
– Descobri uma nova arma com que nunca tinha sonhado! Uma forte e maravilhosa arma que posso usar tão bem como qualquer um!

Encostavam seus ombros ao de outras pessoas que jamais haviam visto e uma corrente de força fluía de ombro para ombro. Algumas eram jovens; outras adultas; outras já idosas, mas todas eram iguais no que estavam fazendo, algo que nunca fizeram e que lhes permitia descobrir, agora, uma força que jamais possuíram. Muitas dessas pessoas juntavam-se à passeata como ovelhas tímidas, marchando hesitantemente, de início, e depois com mais confiança, para avançarem, mais tarde, com uma nova atitude, que demonstrava orgulho e determinação. Endireitavam os ombros, erguiam as cabeças, enchiam os peitos. O orgulho e a indignação passavam a fazer parte do seu ser, e aqueles que, no começo, estavam de mãos vazias, não tardavam a carregar os cartazes, os estandartes, que outros empunhavam havia horas. Esses cartazes transformavam-se em armas. Esses homens e essas mulheres estavam armados e tinham a sensação, implícita, se não totalmente definida, de que, nesse simples gesto de marcharem juntos em protesto, na companhia de outros homens e de outras mulheres, tinham se unido num poderoso movimento que se estendia por todo o planeta. Novos pensamentos formavam-se em seus espíritos e novas emoções passavam por suas almas; seus corações palpitavam mais rapidamente; conheciam a tristeza de uma forma que nunca tinham conhecido; a ira que guardavam dentro de si convertia-se em protesto.

Várias vezes a polícia incitava provocação nas filas de manifestantes. Durante a primeira parte daquele dia 22 de agosto, a passeata foi interrompida duas vezes, e de cada vez homens e mulheres foram detidos e levados para as delegacias da cidade. Isso também era uma nova experiência para muitos dos seus componentes: poetas, escritores, advogados, pequenos comerciantes, cientistas e artistas que sempre tinham vivido em paz e numa enorme segurança encontraram-se, subitamente, maltratados e empurrados como criminosos comuns; sua segurança desaparecera, despedaçada, e a lei que durante tanto tempo os engolfara protetoramente era agora uma arma de fúria assassina voltada contra eles. Algumas dessas pessoas estavam terrivelmente assustadas; outras, porém, enfrentavam a fúria com fúria, o ódio com ódio, e ao serem presas sofriam uma mudança que permaneceria com elas e que as afetaria durante o resto da vida.

Quanto aos trabalhadores que eram presos, o processo, para eles, era muito mais simples, pois nem surpresa nem medo acompanhavam aquilo que, no seu caso, não era um processo novo ou extraordinário. Um desses homens era um trabalhador negro, varredor de uma fábrica têxtil de Providence, Rhode Island. Não fora trabalhar, pedira um dia de licença, sem pagamento, para ir a Boston ver o que os outros estavam fazendo, outros que, como ele, não podiam suportar a idéia de que Sacco e Vanzetti seriam vencidos por uma morte sem protesto. Esse trabalhador não pensara muito profundamente no caso de Sacco e Vanzetti, mas durante muitos anos o caso fizera parte da sua consciência e do mundo à sua volta, de uma forma muito simples e direta. Nunca se aprofundara nas provas apresentadas no tribunal, mas costumava ler de vez em quando algo que Sacco ou Vanzetti haviam dito ou algo que esclarecia um pouco das suas personalidades, e ao ler isso compreendia, também de um modo muito simples e nada complicado, que esses dois infelizes não poderiam ter cometido um crime, sendo apenas gente trabalhadora, comum e honesta, como ele próprio. Às vezes, na verdade, pensava com uma ansiedade dolorosa sobre essa identidade, conforme acontecera ao ler num jornal a seguinte declaração de Vanzetti numa de suas cartas que haviam sido publicadas:

"Nossos amigos precisam falar bem alto para serem ouvidos por nossos assassinos; nossos inimigos só têm de sussurrar ou mesmo de ficar em silêncio para serem compreendidos."

O negro pensara muito nessas palavras, e com o tempo elas passaram a ser parte da sua própria decisão. E essa decisão levou-o, em 22 de agosto, para Boston, onde se juntou à aglomeração diante do parlamento. Não dava nem grande nem pouca importância a essa sua ação; reconhecia-a pelo que era: uma ação ínfima que não alteraria o mundo nem libertaria os dois homens que já há tanto tempo considerava seus amigos. Mas esse homem lutara durante toda a vida contra sua própria extinção e empreendera essa luta justamente com tais ações, pequenas e aparentemente inúteis, sabendo, através de uma grande riqueza de experiência prática, que desdenhar tais pequenas ações seria desdenhar toda e qualquer ação. Não vivia com quaisquer sonhos exaltados sobre o que poderia haver para ele no futuro, mas se movia, em vez disso, segundo os termos do que era direto e prático para o dia de hoje.

Durante as horas em que marchara pudera transmitir algo de si mesmo aos homens e às mulheres que tinha a seu redor. Não se tratava de um homem alto, mas tinha, no seu volumoso corpo, uma aparência de imensa energia e de tranqüilizadora solidez. Possuía um rosto quadrado e agradável, enquanto seus movimentos e gestos jamais se mostravam apressados ou descontrolados. Por isso, em virtude dessas razões, irradiava uma impressão da sua força e transmitia à gente ao redor um maior sentimento de segurança. Mostrava-se, também, muito à vontade na sua tarefa, conforme acontecia com muitos dos outros trabalhadores, aceitando a passeata sem, contudo, a considerar um momento raro ou extraordinário de sua existência. Na primeira ocasião em que a polícia procurara dispersar os manifestantes, fazendo prisões, ele acalmou os outros dizendo-lhes: "Calma, nada de precipitações. Não se preocupem com a polícia e continuem firmes." Dessa forma, ajudou muitos dos presentes a manterem tanto a disciplina quanto a compostura. Essas suas pequenas e deliberadas ações, porém, chamaram a atenção da polícia. Os policiais à paisana apontaram para ele, um após outro, marcando-o e avaliando sua importância. Na pequena luta e no drama das filas da passeata, escolheram-no para eliminação e, assim, a segunda provocação da polícia foi dirigida contra ele. Foi separado dos outros e preso. À uma hora da tarde de 22 de agosto esse trabalhador foi levado para a delegacia e colocado sozinho numa cela.

Essa distinção e esse tratamento especial deixaram o homem um pouco perturbado. Ele era um de quase trinta que tinham sido presos, e entre estes havia sapateiros brancos e operários brancos, um famoso dramaturgo de Nova York e um poeta de reputação internacional, mas todos tinham ficado juntos. Por que razão, então, fora separado e deixado sozinho numa cela?

A resposta não demorou. Como era o último dia antes da execução, o tempo era medido em horas e até em minutos e, por conseguinte, o que quer que fosse acontecer não podia ser retardado. Ele sentia isso. Estava na cela havia pouco tempo quando vieram buscá-lo e o levaram para uma sala onde parecia ser esperado por certo número de pessoas. Encontrou-se diante de dois policiais fardados, de dois outros à paisana e de um agente do Departamento da Justiça. Havia também um estenógrafo sentado num dos cantos, em frente de uma mesa, com um caderno aberto diante de si, esperando o que iria acontecer; os sons de agonia ou a confissão que teria de registrar nesse caderno. Os dois policiais à paisana tinham nas mãos cassetetes de borracha de cerca de 30 centímetros de comprimento e uns 3 ou 4 centímetros de diâmetro. Ao entrar na sala, o trabalhador negro notou que dobravam as extremidades dos cassetetes para a frente e para trás, e foi-lhe suficiente olhar para os cassetetes, para os rostos dos homens, para o aspecto sujo e abandonado da própria sala, para compreender por que razão o haviam trazido, para saber o que o esperava. Esse pobre trabalhador negro era um homem simples e bastante comum. Agora, ao compreender o que ia acontecer, seu coração encheu-se de angústia e de medo. Seu corpo tornou-se tenso; contorceu-se para um lado e para outro, menos numa tentativa de escapar do que num involuntário e espasmódico protesto do seu ser físico. Depois, os homens sorriram e ele sabia o que aquele sorriso significava.

O representante do Departamento da Justiça explicou-lhe por que razão ele fora levado para ali.

— Fique tranqüilo, não queremos criar-lhe problemas. Não queremos fazer-lhe mal ou prejudicá-lo. Só desejamos fazer-lhe algumas perguntas e queremos que nos responda com a verdade. Se fizer isso, nada terá a temer e será libertado em pouco tempo. Foi por isso que o trouxemos aqui: para responder a essas perguntas. Você é um homem honesto, um bom americano, não é?

— Sou um bom americano — respondeu o negro, falando com segurança.

Os dois policiais pararam de brincar com os cassetetes de borracha e sorriram-lhe. Ambos tinham bocas largas, com lábios muito finos, o que fazia com que parecessem irmãos. Sorriam facilmente e sem qualquer inibição, mas também sem humor.

— Se é um bom americano — disse o homem do Departamento da Justiça —, então, com certeza, não teremos problema algum. O que nós queremos saber é apenas um fato muito simples: quem lhe pagou para participar da passeata.

— Ninguém me pagou.

Os dois policiais pararam de sorrir e o homem do Departamento da Justiça encolheu os ombros, como se lamentasse a situação. Deixou de ser tão amável quanto antes, mas ainda não se mostrava inteiramente hostil.

— Como você se chama? — perguntou.

O negro lhe disse. O homem do Departamento da Justiça pediu-lhe que repetisse um pouco mais alto o que dissera, para que o estenógrafo escutasse. O negro assim o fez.

— Que idade tem?

O negro respondeu que tinha 33 anos.

— De onde é você?

O negro disse-lhe que era de Providence e que viera para Boston naquela mesma manhã no trem de Nova York, New Haven e Hartford.

— Você trabalha em Providence?

Depois desta pergunta, o negro sabia que não podia ter qualquer esperança. Dissesse o que dissesse, a partir daquele momento não poderia mais alterar concretamente as coisas. Se não lhes dissesse onde trabalhava, eles não tardariam em descobrir, à sua maneira, e, nesse processo, a música começaria. Sabia também que tipo de melodia seria e quem teria de dançar. Sentia medo e não tinha vergonha de confessar o fato a si próprio e, assim, decidiu atrasar um pouco o momento de a "música" começar. Disse onde trabalhava e o nome da fábrica foi anotado. O negro sabia que nunca mais poderia voltar a trabalhar naquela fábrica. Aliás nunca mais encontraria trabalho naquele estado, com certeza. Tinha mulher e uma filha de 3 anos, o que aumentava sua tristeza e angústia pelo fato de jamais poder voltar a trabalhar na região. Todavia, aquilo estava acontecendo, e ele nada poderia fazer, a não ser permitir que acontecesse mesmo. Estava acontecendo, mas aquilo apenas começara... iria continuar, agora.

— Por que razão veio para Boston? – perguntou o homem do Departamento da Justiça, falando ainda num tom bastante amável.

— Vim porque penso que Sacco e Vanzetti não deveriam morrer assim, sem uma palavra ou uma ação de protesto.

— Acha que pelo fato de vir aqui poderia impedir que eles morressem?

— Não, não acho.

— Ora, se não pensa assim, acaba de se contradizer e o que disse não faz sentido. Será que faz sentido para você?

— Sim, faz.

— Explique, então, como é que isso faz sentido.

— Bem, eu poderia ter ficado em casa, sem fazer nada, ou poderia vir para Boston, ver se havia alguma coisa a fazer, algo que eu pudesse fazer para ajudar esses pobres homens.

— Que gênero de coisa?

— Algo como participar da passeata.

O homem do Departamento da Justiça explodiu, parecendo ter perdido a paciência.

— Você está mentindo! E não gosto nem um pouco de que um rapaz como você me minta! Você nada ganhará com isso!

Depois, o homem do Departamento da Justiça sentou-se numa cadeira, enquanto os dois policiais à paisana se sentaram na extremidade de uma mesa, num dos cantos da sala. Os dois policiais fardados aproximaram-se da porta e ficaram encostados a ela, um de cada lado. Isso causara uma pequena corrente de movimento na sala e o trabalhador negro sentiu-se amargamente consciente desse fato, sentindo e sabendo que essa corrente significava que eles haviam terminado a primeira parte de suas intenções para com ele e que, agora, começariam a segunda parte. Deixaram que ficasse em pé durante algum tempo, mas olhavam todos para ele. Sabia o que significava quando muitos brancos o olhavam daquela maneira. Pensou na mulher e na filha, sentindo-se dominado por uma grande tristeza, tal como se alguém muito chegado a ele tivesse morrido. Compreendeu que isso era porque a morte rondava. Aqueles brancos tencionavam, justamente, fazê-lo sentir a proximidade da morte no ar.

— Penso que está mentindo — insistiu o homem do Departamento da Justiça. — Nós queremos que fale a verdade. Se mentir, vai ser ruim para você. Se disser a verdade, seremos todos bons amigos. Eu, por meu lado, penso que alguém organizou vocês aqui em Boston. Acredito também que esse alguém pagou a você para caminhar nessa marcha de protesto. É isso que você nos vai dizer... quem os organizou aqui e quem lhe pagou para marchar. Bem, você pode pensar que quem o fez é seu amigo, mas, se pensa isso, deve ser muito burro. Olhe à sua volta e depressa verá que quem o meteu nisto não pode ser seu amigo. Esse alguém não lhe tornou a vida fácil e, assim, você não tem a mínima obrigação para com ele. O melhor que você pode fazer é dizer-nos quem é ele e quanto lhe pagou.

— Oh! Meu Deus! — pensou o negro. — Meu Deus, isto vai ser terrível!

Em seguida, sacudiu a cabeça e disse que não, que ninguém lhe pagara. Viera sozinho, por decisão própria, ninguém lhe dissera para vir. Só o fizera por saber o que estava acontecendo a Sacco e Vanzetti, sentindo profundamente o muito que eles tinham sofrido. Procurou explicar também que uma das razões que o tinham trazido a Boston era o fato de Sacco e Vanzetti serem gente comum, trabalhadores como ele. Mas quando começou a explicar isso, os dois policiais avançaram para ele e começaram a espancá-lo, de maneira que as palavras se perderam e eles nem chegaram a escutar essa parte da história.

Desta vez, porém, não bateram muito. Os dois policiais à paisana aproximaram-se dele, um pelo lado e o outro por trás. Aquele que ficara atrás golpeou-o várias vezes nos rins, e quando, gritando de dor, dera um passo à frente para escapar ao castigo, o outro homem bateu-lhe com o cassetete de borracha no rosto, no nariz, nos olhos. Estes encheram-se de lágrimas e o nariz começou a sangrar. Recuou, então, soltando gemidos de dor, e não foi seguido pelos dois homens. Sentiu que o sangue escorria por sua camisa e tirou um lenço do bolso para limpar o sangue, apertando-o depois contra o nariz. As costas doíam-lhe muito e a cabeça latejava por causa dos golpes que recebera nos olhos. Via tudo como se através de uma neblina e seus olhos estavam cobertos de lágrimas. Estas, de resto, não pareciam querer parar.

— Digamos uma coisa — insistiu o homem do Departamento da Justiça. — Digamos que você vai cooperar conosco e que, então, não bateremos em você. Meu Deus, isso é a última coisa que desejamos. Você sabia que jogaram uma bomba na casa do juiz? Já imaginou? Um magistrado que estava num tribunal deste estado e destes Estados Unidos e, então, esses dois cachorros, Sacco e Vanzetti, compareceram perante ele e esse honrado juiz cumpre seu dever constitucional de escutar os fatos da defesa e da acusação, proferindo sua sentença depois de ter pesado bem tudo o que ouvira. Esse juiz, meu amigo, é o rochedo e o pilar das nossas vidas, tanto da sua vida quanto da minha! Você pensaria, por certo, que tal homem só seria elogiado, louvado! Mas isso, ao que parece, não é o caso. Em vez de elogios, há pessoas que organizam um atentado à bomba pelo fato de ele ter condenado dois criminosos vermelhos. Você não acha que jogar uma bomba é um ato terrível?

O negro concordou. Sim, pensou ele. Achava que as pessoas que atiravam bombas, que matavam, que assassinavam e brutalizavam, estavam, de fato, praticando atos terríveis.

— Bem, estou contente por saber que você pensa dessa maneira — disse o agente. — O fato de pensar assim tornará as coisas bem mais simples. A verdade é que julgamos saber quem lançou essa bomba. Também pensamos que você sabe. Vou ditar o que sei e tudo o que você terá de fazer é concordar com o que eu sei e assinar seu nome. Isso significa que você se tornará uma testemunha do Estado e um bom americano. Depois, poderá ir embora. Não voltará a ser importunado.

— Mas eu nada sei — protestou o trabalhador negro. — Como é que posso assinar algo que não sei? Estaria assinando uma mentira. Não quero mentir sobre tal coisa; é um assunto muito sério.

Esse último comentário divertira todos os presentes, exceto o agente do Departamento da Justiça. Os policiais riram. Só o homem do Departamento da Justiça permanecia sério e sombrio, pois havia trabalho por fazer...

Quando o "trabalho" foi dado por concluído, o negro foi transportado para uma cela e deixado sobre um colchão. Foi aí que o professor de Direito Criminal o viu. O professor era um dos muitos advogados que haviam sido destacados para o caso Sacco–Vanzetti ou que tinham oferecido seus préstimos como voluntários. Mas naquele dia 22 de agosto todos esses advogados estavam cheios de trabalho tomando medidas de emergência, fazendo coisas desesperadas, com alguns restos de esperança: petições, apelos, requerimentos para adiamento da execução, várias ações por parte de pessoas que haviam sido presas na passeata ou em outras formas de protesto.

Os brancos que haviam sido presos na rua estavam preocupados com o negro e tinham informado a Comissão de Defesa de que ele fora levado pela polícia e separado dos outros. A Comissão de Defesa pediu, então, ao professor de Direito Criminal que fizesse o que fosse possível nesse caso. Ele aceitou e a verdade era que estava grato por ter uma oportunidade de fazer algo, mesmo se tão insignificante, pois considerava absolutamente insuportável ficar sem fazer nada de útil e de esperar, parado, o fim do dia. Obteve um *habeas corpus* e foi para a delegacia, exigindo que o deixassem ver o negro. Sabiam quem ele era e estavam perfeitamente cientes de sua reputação. Assim, o próprio capitão da polícia procurou o agente do Departamento de Justiça e disse-lhe o que estava acontecendo:

— É aquele advogado da universidade, o judeu, que quer ver esse seu rapaz negro. Se não for atendido, vai criar caso com certeza. Tem um mandado.

— Não me parece que o deva ver – respondeu o homem do Departamento de Justiça.

Um tenente da Polícia de Investigação, que estava presente, meteu-se na conversa:

— Vocês, que são muito importantes, vêm para cá, vindos de Washington, vêm e vão tão livres quanto pássaros. Mas nós temos de morar nesta cidade. Amanhã, o caso de Sacco e Vanzetti estará esquecido, mas nós teremos de continuar ganhando nosso pão em Boston. Que pensa fazer com o negro? Congelá-lo? Deixá-lo no gelo durante o resto da vida? Deixe esse advogado vê-lo. Que diferença vai fazer isso? Ninguém criará muito caso só por ele ter sido um pouco maltratado.

— Ele não está com muito boa aparência — protestou o capitão da polícia, embora fracamente.

— Dane-se. Talvez já não tivesse boa aparência quando o trouxeram para cá. Deixe que esse advogado judeu crie um caso. Quem se preocupará com isso? Ninguém sofrerá com as queixas...!

Assim pensando, deixaram que o advogado entrasse na cela. O professor ficou imóvel diante do colchão sobre o qual jazia o negro, com seu rosto transformado numa massa sangrenta, com os olhos fechados, o nariz quebrado e sangue ainda escorrendo por entre os lábios rasgados. O negro gemia e arquejava, ainda sofria muito, era evidente, e o professor de Direito procurou tranqüilizá-lo, explicando-lhe que seria libertado dentro de uma ou duas horas.

— Fico-lhe muito grato por isso, meu senhor — dizia o negro. — É só por sentir tantas dores que não posso falar mais e agradecer-lhe adequadamente. Além disso, eles fecharam meus olhos e tenho medo de nunca mais poder voltar a enxergar.

— Você enxergará outra vez, sim, é claro que enxergará — disse-lhe o professor de Direito Criminal. — Agora vou buscar um médico para você. Não se preocupe mais. Por que razão fizeram isso?

— Eu não quis assinar uma confissão sobre conhecer um homem que eles dizem ter jogado uma bomba — respondeu o negro, falando lenta e dolorosamente. — Não conheço homens que joguem bombas e não acredito no que eles disseram. Estão querendo incriminar um inocente e eu não podia, diante de Deus e de mim próprio, transformar-me num mentiroso.

— Não, você não podia – disse o professor, falando num tom triste e amargo. – Agora, descanse um pouco. Vou chamar um médico e dentro de poucas horas você sairá daqui e tudo estará terminado.

9

Já eram duas horas da tarde do dia 22 de agosto de 1927 quando o presidente dos Estados Unidos foi informado de um pedido bastante simples que lhe era feito pelo ditador da Itália fascista. O ditador perguntava se não seria possível encontrar clemência de qualquer tipo para os dois "infelizes e desesperados italianos condenados à morte pelo estado de Massachusetts". O tempo era curto e a iminência da morte levara o ditador a comunicar-se diretamente com o presidente. Ao mesmo tempo, os representantes do Departamento de Estado, que discutiram o assunto com o presidente em sua fazenda, onde ele passava as férias, esclareceram que essa formalidade fora imposta ao ditador pela pressão de uma grande massa de italianos. Era de conhecimento público que entre aqueles de quem o ditador menos gostava se encontravam os radicais, fossem de que tipo fossem, e que ele não sofreria grandemente com a morte de Nicola Sacco e Bartolomeo Vanzetti.

O presidente tinha a reputação de ser um homem sensato, de grande visão interior, e sua tendência para longos e insuportáveis silêncios aumentava ainda mais essa reputação. Por uma razão ou outra, nunca se aceita como possibilidade que as pessoas que, de um modo geral, pouco falem, tomem essa atitude já que o vazio das suas vidas interiores lhes dá muito pouco para falar. O silêncio é muito mais o resultado de um vazio do que a prova de um grande conteúdo interior; mas o folclore, se assim se pode dizer, tem comparado o silêncio a um manto de sabedoria. De qualquer maneira, o mais natural seria pensar que um homem não se torna presidente sem possuir várias virtudes, e esse devia ser o caso no que se referia a esse presidente. Tinha lábios finos, olhos pequenos e um nariz muito comprido, seu rosto contraído não era gentil nem simpático; sua voz era tão cortante e áspera quanto sua personalidade. Se lhe faltavam outros atributos, deveria necessariamente, pelo menos, ter algum senso de humor. Certas pessoas haviam procurado em vão por tal atributo, mas outras pessoas afirmavam já tê-lo encontrado, caracterizando-o como *gnômico*. A palavra não era muito familiar e as pessoas que, finalmente, tinham descoberto por que razão esse homem era presidente, pronunciavam o *g* com ênfase. Por essa razão, os jornais, que tinham começado chamando o presidente de *gnômico*, salientaram que o *g* era mudo e que a palavra rimava com o nome da cidade do Alasca. Era *gnômico* quando o presidente dizia:

"A mão esquerda e a mão direita movem-se como o corpo se move, e se o corpo é ameaçado, essas duas mãos, juntas, defendem-no. É o que acontece com a direita e a esquerda em política."

A imprensa gostava desse tipo de pronunciamento, mas os íntimos do presidente escutavam-no falar de maneira diferente. Ele era natural da Nova Inglaterra, nascido em Vermont, mas educado em Massachusetts, onde, certa vez, conseguira acabar com uma greve da polícia. Naquele tempo, era governador do estado de Massachusetts, período em que os policiais de Boston tinham suportado a insuportável fome de seus filhos e a indignação de suas mulheres, que afirmavam que eles estavam abaixo da raça humana, pois até mesmo um cachorro reagiria contra a fome e a sede. Então, essa coisa jamais vista aconteceu: uma greve da polícia. A nação ficou conhecendo o drama daquela situação sem precedentes e ampliou-o, dando-lhe maiores proporções. O homem que agora era presidente tomara o comando dessa estranha situação, adotando uma série de medidas óbvias e sem grande inspiração – mas, apesar disso, fora sempre lembrado como o homem que acabara com a greve da polícia.

– Vocês lembram – veio a dizer o atual governador de Massachusetts, não muito mais tarde, no mesmo dia – como ele acabou com aquela greve da polícia? Foi uma demonstração de firmeza e de determinação, rara num servidor público, algo que deve ser imitado. Estou pensando mais nesse nobre precedente do que naquilo que as pessoas dirão e que possa resultar no meu descrédito.

A verdade, porém, era que o atual governador estava pensando que ocupava agora a Casa Branca um homem que já fora governador daquele estado. Quem poderia dizer que o fato não se repetiria? De todos os modos, um inabalável ódio por tudo relacionado ao comunismo seria sempre um guia firme e de confiança. É costume dizer que todos os homens querem ser presidentes.

Mas o homem que de fato era presidente pouco dizia sobre o que quer que fosse. Sempre que confrontado com uma situação que não compreendia totalmente ou com uma decisão que não poderia tomar confortavelmente, o presidente refugiava-se no silêncio. Naquele dia, 22 de agosto, o representante do Departamento de Estado, diante dele, procurava recordar exatamente qual a atitude da Casa Branca para com o caso de Sacco e Vanzetti, acabando por reconhecer que, na verdade, não havia atitude da Casa Branca. Não tomara qualquer atitude.

— É claro que não posso intervir — disse o presidente, após um longo momento.

— Não?

— Sinto certa solidariedade pelo problema de *il duce*... — disse o presidente, deixando o resto da frase no ar.

Um estenógrafo estava sentado ao lado de sua grande e muito ornada mesa de trabalho, mas não parecia que ele estivesse disposto a ditar qualquer coisa. Seus pequenos olhos continuavam imperturbáveis, plácidos, talvez contemplativos da vastidão do país que ele chefiava, da terra que ele governava, em que uma bem regulada e lubrificada máquina de governo e da sociedade funcionava tão perfeitamente. Sempre, todos os dias, pessoas como aqueles dois homens, como Sacco e Vanzetti, comunistas e agitadores, eram capturados e triturados pelos dentes das engrenagens dessa máquina. Ao que parecia, nada os satisfazia, a não ser caírem no meio da engrenagem. Mas depois se queixavam tão sonora e dolorosamente...

— O pedido de *il duce* é compreensível. Como os dois homens são italianos, a questão é, de fato, de honra nacional, com os comunistas da Itália aproveitando-se o máximo possível da situação... Já se verificaram grandes manifestações em Turim, Nápoles, Gênova e Roma.

O representante do Departamento de Estado procurou entre seus papéis. Viera bem municiado com comunicados e referências. Explicou que sua informação principal viera do jornal *Il Popolo*, tendo acrescentado:

— Trata-se de uma opinião que não pode ser considerada inteiramente distinta da versão oficial, senhor presidente...

— Nunca cheguei a compreender que tipo de controle ele tem sobre a imprensa.

— Um controle muito eficaz. Muito diferente da nossa própria experiência. O editor de um jornal que publique algo que ele não aprove poderá evitar as conseqüências dando um tiro na cabeça. Os fascistas estão muito bem organizados e *il duce* gosta de estar ao corrente de tudo. Aqui, por exemplo, diz o seguinte: "Os Estados Unidos administraram a justiça da liberdade, a primeira de todas as deusas, e a decisão do tribunal, portanto, não pode e não deve ser discutida..." Como o senhor presidente pode ver, trata-se de gente organizada, essa é a marca predominante do fascismo, "mas, com a justiça e a liberdade já servidas, acreditamos que um ato de misericórdia, agora, seria oportuno, justo e sábio". Bem, também não podemos aceitar isso como a exata versão oficial. Um editorial desses fortalece a posição de *il duce*, faz com que o povo diga: Aí está, ele defende os italianos. Por outro lado, não contesta o julgamento e a decisão, apenas pede clemência. Parece tudo um pouco hipócrita, quando se sabe quantos comunistas ele eliminou, por meio de pelotões de fuzilamento, da prisão, de campos de concentração e óleo de rícino...

O presidente mostrou-se curioso sobre o óleo de rícino:
— Estou sempre ouvindo essa frase. Que significa, exatamente?
— Tanto quanto sabemos, trata-se de uma forma de tratar os prisioneiros. Eles são amarrados, suas bocas são abertas à força e, então, são obrigados a beber mais de 1 litro de óleo de rícino. Parece horrível e provavelmente é um tratamento diabólico, mas suponho que tiveram de recorrer a esse tipo de coisa para os abalar um pouco.
— E abalou-os, com certeza – concordou o presidente. – Até parece que conseguiram fazer com que seus trens cumprissem os horários. Mas a verdade é que não parecem compreender-nos. Um estado é um estado. Um presidente não

pode interferir. Informe-o de que não posso intervir. A coisa terá de acontecer e, esta noite, tudo terminará. Não posso comunicar-me com Massachusetts e dizer ao governador o que ele deve fazer. Os dois tiveram um julgamento justo e tempo mais do que suficiente para que os fatos fossem revistos...

Sua voz foi apagando aos poucos. Já falara demais, bem mais do que era seu hábito. Não estava zangado, mas o representante do Departamento de Estado sabia que ele não gostava de vermelhos, fossem de que tipo fossem. Eram todos agitadores, mas a verdade é que devia haver algum significado na revolta toda que estava ocorrendo em todos os lugares e ambientes. Tinha de ser informado. A multidão que naquele momento estava diante da embaixada dos Estados Unidos em Londres devia incluir pelo menos dez ou 15 mil pessoas. Acabara de receber um relatório com os dados, poucos minutos antes de ter chegado à presença do presidente.

— Eles não gostam da gente — disse o presidente, friamente.

— Demonstrações dia e noite na França, 25 mil em Paris, Toulouse, Lyon, Marselha. Na Alemanha, uma enorme passeata em Berlim, e em Frankfurt, e em Hamburgo...

O presidente não parecia muito preocupado com isso. Seu rosto não refletia qualquer surpresa ou descrença. O clamor de um milhão de trabalhadores em marcha, o estridente som de seus pés e de suas vozes nas ruas de Moscou, de Pequim, de Calcutá e de Bruxelas, os apelos de seus delegados, a feroz indignação do seu protesto – tudo isso morria num murmúrio, ali, diante do presidente.

— Não se trata de um assunto para a administração – dizia.

— O secretário de Estado achou que o senhor devia ser informado sobre a situação na América Latina. Também está toda muito revoltada.

— Não sei que diabos tudo isso tem a ver com eles — comentou o presidente asperamente, levando o homem do Departamento de Estado a concluir que nenhum outro homem jamais se mostrara tão alheio a correntes e forças; a despreocupação era uma coisa, mas esse tipo de indiferença era inacreditável.

O homem do Departamento de Estado, todavia, prosseguiu no seu relatório: greves, manifestações de protesto, passeatas, janelas de embaixadas e consulados quebradas, Colômbia, Venezuela, Chile, Argentina e, sim, uma explosão de grandes dimensões na África do Sul.

— Na África do Sul? — repetiu o presidente.

— Os relatórios das delegações são bastante nervosos. De repente, o mundo todo está gritando com raiva de nós.

O presidente sorriu, não com um sentido de humor, mas sim com a primeira indicação de descrença que mostrara até então.

— É mesmo? É tudo muito estranho. Os russos devem ser os culpados de tudo isso. Como é possível explicar de outra forma tantos protestos por causa de dois agitadores?

— Não é possível explicar, senhor presidente. Mas a embaixada da Grã-Bretanha sente que deveria ser feito algum esforço, junto ao governador de Massachusetts, para que a execução seja adiada.

— Os dois tiveram um julgamento justo — respondeu o presidente, sacudindo a cabeça.

— Sim...

— Não tenho a menor vontade de interferir.

O representante do Departamento de Estado voltou a guardar seus papéis e, pouco depois, saiu da sala. O presidente mandou embora o estenógrafo e ficou sozinho durante algum tempo. Seus pensamentos moviam-se nos seus cursos normais, cursos muito bem ordenados. Era muito estranho ser presidente dos Estados Unidos. Mesmo de férias, sua mesa de trabalho estava coberta de documentos, de trabalho que ele tinha de fazer, e tudo devia parar pelo simples fato de haver tal agitação por causa de um sapateiro e de um peixeiro. Ele estava numa fazenda bem longe de Washington, nas Black Hills de Dacota do Norte, mas o mundo continuava muito perto, na ponta dos seus dedos, enquanto tinha por detrás de si uma nação inteira, a mais próspera e poderosa em toda a história da humanidade.

Um novo profeta erguera-se nesta terra: seu nome era Henry Ford. Esse homem inventara uma coisa em movimento que se chamava linha de montagem e, assim, um carro Ford saía do fim dessa linha de montagem a cada trinta segundos ou coisa parecida. Havia até homens sensatos que escreviam ensaios sobre a substituição do marxismo pelo fordismo. Nesta terra, haveria dois carros em cada garagem e uma galinha em cada panela, e – segundo um colunista escrevera – um desenvolvimento lento e ordenado até que os banheiros se tornassem banheiros! A detestada lenda comunista de depressão cíclica fora jogada dentro do caldeirão de mentiras que a germinara; a depressão e a crise tinham desaparecido para sempre; o país era rico e poderoso, fértil, além de todas as expectativas, e, possivelmente, para sempre.

Tudo isso fora desafiado por dois esfarrapados agitadores, homens analfabetos saídos da bacia mediterrânica, aquele ninho de gente escura, de almas escuras, tão diferentes dos anglo-saxões e tão desagradáveis para eles, e esses dois homens tinham vindo cheios de ódio e de revolta.

Então, a grandeza da terra capturara-os simplesmente, submetendo-os ao devido processo da lei.

O mundo, contudo, estava insatisfeito e revoltado. O mundo inteiro, ao que parecia, estremecia com o estardalhaço provocado por causa desses dois homens. Seria fácil rotular essa perturbação como *made in Russia*, mas esse rótulo não solucionava o quebra-cabeça para o frio e azedo homem que se encontrava nas Black Hills. Aliás, ele jamais poderia encontrar alívio no ódio; ele odiava indiferentemente, e, além do mais, não poderia pensar num sapateiro e num peixeiro como seres merecedores de ódio. Os cães eram amordaçados e o gado era abatido sem ódio...

Seus pensamentos moviam-se nos seus devidos cursos de um modo organizado – desenvolvendo-se segundo certo rumo das suas recordações. Ainda não fazia muito tempo que seu secretário entrara suave e silenciosamente em seu gabinete, em Washington, dizendo:

– A Justiça está aqui.

– Aqui?

– Lá fora. O senhor presidente tinha um encontro com...

– Deixa para lá! Você não percebe? Não fale como um idiota! A Justiça está aqui... muito bem, que entre!

A Justiça era um homem que não precisava, era evidente, de qualquer outra identificação. Por vezes, parecia – e não só ao presidente apenas – que toda a justiça, toda a lei, toda a recordação de justiça e da lei, estavam representadas na velha e seca pele da Justiça.

Então, a Justiça entrou no gabinete do presidente. Este levantou-se, apresentando palavras de desculpa, de protesto, pelo fato de a Justiça ter se incomodado daquela maneira, vindo ao seu encontro, mas o velho, com um simples gesto, obrigou-o a sentar-se de novo. Tratava-se de um velho, um verdadeiro velho, muito velho. Sua pele era tão seca quanto um pergaminho; seus olhos eram profundos; sua voz era ressoante, mas um tanto quebrada pela idade, pois ele passava bem dos 70 anos que eram concedidos à maioria dos homens. Por detrás de seus olhos havia uma longa memória de muitas coisas; com aqueles mesmos olhos, ele vira os canhões trovejarem em Gettysburg, a colina coberta por mortos e, além do mais, ele passara muitas horas conversando com o velho Lincoln. Desde aquele tempo, quantos haviam vivido, lutado e morrido – e tudo isso ele presenciara, já que era velho, realmente velho. Sua presença impressionava até o indiferente executivo; o velho era um cidadão da Nova Inglaterra, daqueles distantes e antigos tempos, há muito desaparecidos – que se estendiam até os dias em que Paul Revere tinha sua pequena loja de objetos de prata na pequena cidade de Boston. O presidente olhou para ele estranhamente, já que, embora fosse o presidente, não era comum que aquele velho se desse o trabalho de visitá-lo.

– Não quer sentar-se? – perguntou o presidente.

Naquele dia, em Washington, fazia muito calor e a Justiça concordou e sentou-se ao lado da mesa do presidente, grato pelo momento de descanso, e colocando seu chapéu de palha em cima da mesa, enquanto balançava a bengala entre os joelhos ossudos.

– Decidi vir visitá-lo, senhor presidente – disse a Justiça, referindo-se ao fato como se fosse um direito e não um privilégio –, pelo fato de terem vindo pedir-me um adiamento da execução. Refiro-me ao *Caso de Nicola Sacco e Bartolomeo Vanzetti versus o estado de Massachusetts.* Esses dois homens foram condenados à morte e o governador anunciou a data da execução. Pediram-me para adiar ou suspender a execução. Suponho que o senhor está a par dos fatos do caso em questão.

– O suficiente – respondeu o presidente.

– Sim... Não li tudo com grande atenção, mas examinei um ensaio sobre o caso escrito por um professor de Direito de Boston. Geralmente não presto muita importância a essas monografias, que tentam influenciar a justiça por meio da opinião pública, mas esse ensaio foi escrito com grande mérito. O caso tem muitos pontos de interesse e provocou grande furor tanto dentro como fora do país. Existem certas forças que parecem desejosas de apresentar os dois réus como santos. Quando me vieram pedir o adiamento da execução, indiquei que uma decisão de um tribunal estadual só pode ser anulada pelo Supremo Tribunal dos Estados Unidos se os fatos demonstrarem que a Constituição foi violada de alguma forma. Nesse caso, a defesa já apresentou um requerimento para um mandado de segurança com base numa infração constitucional. Além disso, também apresentaram um pedido de *habeas corpus*, que foi negado. Assim, falaram comigo para que eu conseguisse o adiamento da execução até que o requerimento para o *certiorari* tenha sido considerado pelo Supremo Tribunal. Naturalmente, o tribunal não poderá ser convocado no verão, por mais extraordinárias que as circunstâncias possam parecer. Mas como a execução está marcada para o mês de agosto, se as coisas seguirem seu curso normal, os réus já estarão mortos quando o tribunal estudar o requerimento, o mesmo sucedendo com o pedido de anulação. A situação, como o senhor vê, é totalmente anormal e não me recordo de qualquer precedente que possa ser usado como um princípio que nos oriente. Posso apenas procurar decidir se tenho ou não tal poder, ao abrigo da Constituição, mas creio que, de todo modo, se a ocasião assim o exigisse, eu o usaria. De minha parte, não posso imaginar circunstâncias em que o Supremo Tribunal invertesse ou anulasse a sentença. Não creio que seja possível. Assim, estou inclinado a não conceder adiamento da execução. Mas o assunto é de tal gravidade que decidi pedir sua opinião e saber se o senhor está a par de alguns fatos ou circunstâncias que me sejam desconhecidos e que recomendassem o adiamento da execução.

– Não tenho ciência de qualquer fato que justificasse essa medida – respondeu o presidente.

– Não acha que traria honra ao nosso país, como um ato de clemência judicial?

– Não, não considero.

O velho levantou-se, agradecendo a opinião do presidente – e, agora, o presidente recordava essa visita, recordando, ao mesmo tempo, aquela monografia escrita por um professor de Direito, de Massachusetts.

– Onde eu teria visto o nome desse homem? – tentou lembrar-se o presidente, procurando entre seus papéis um telegrama que chegara naquele mesmo dia. Encontrou-o, finalmente, e leu-o de novo.

"Rogo humilde e respeitosamente, senhor presidente, que considere o fato de ter eu visto – e isto eu juro –, com meus próprios olhos, a prova da inocência desses dois homens. Se existe a menor possibilidade de validade de tal evidência, não será essencial verificá-la? Não estou pedindo clemência, mas sim a aplicação exata da justiça. Se a justiça sair prejudicada desse caso, que mais nos restará? Que escudo teremos para nos defendermos? Que parede nos abrigará? Rogo-lhe que telegrafe ao governador de Massachusetts, pedindo-lhe que adie a execução. Até mesmo 24 horas serão suficientes..."

A insistência contida no telegrama irritara o presidente. Depois, contudo, viu o nome que assinava o telegrama, um nome, obviamente, de judeu. Não fora àquele nome que a Justiça se referira? E por que razão eram os judeus sempre tão insensivelmente insistentes?

O presidente colocou o telegrama de lado, tocando-o com evidente desagrado. Tratava-se de um entre as dúzias de telegramas que recebera naquele dia. Não respondera a nenhum deles, nem o faria, visto já estar, na realidade, inteiramente cansado de todo aquele assunto.

10

O professor de Direito Criminal chegou atrasado. Seu encontro com o escritor de Nova York fora marcado para as três horas da tarde, mas já passava das três e não o encontrara no escritório da Comissão de Defesa. Quando perguntou onde ele poderia estar, disseram-lhe que o escritor, possivelmente, fora juntar-se aos manifestantes diante do parlamento, ou em Temple Street, onde o professor foi procurá-lo, caminhando por Beacon Street, muito consciente – à medida que as horas passavam – dos dois homens que aguardavam na prisão estadual.

Que diversidade de disposições e que variedade de experiências já sofrera naquele dia! Acontecera tanta coisa e, sem dúvida, muito mais iria acontecer antes de o dia terminar. O conseqüente misturava-se muito estranhamente ao inconseqüente, de tal maneira que, por vezes, ele pensava que cada movimento, cada ação e momento deste singular e terrível dia possuía um significado específico. Esses seus pensamentos não eram muito claros, mas o professor tinha consciência de que já não pensava muito claramente; estava-se tornando parte daquele dia, e toda aquela agitação, o calor, a brutalidade, a ira e o desespero, tudo, enfim, tivera um profundo e perturbador efeito sobre ele – de tal forma que agora, no calor daquela tarde de verão, se encontrou recitando dias e datas. As experiências das últimas horas tinham-lhe dado uma sensação conhecida por todos aqueles que atravessavam a aventura de acontecimentos altamente intensos; o tempo expandira-se; parecia-lhe que tinham passado semanas e até meses num calendário que indicava apenas dias. Ainda era a tarde de segunda-feira, mas o domingo, de 24 horas antes, existia num passado já quase esquecido.

Esse tipo de pensamento levou-o a considerar como seria o tempo, num dia como este, para Sacco e Vanzetti – como os minutos passavam para eles, se o dia passava rápido ou vagarosamente. Compreendeu que, tal como tanta gente, naquela segunda-feira tão específica, se identificara subjetivamente com Sacco e Vanzetti. Assim, quando imaginava como a passagem do tempo devia ser para eles, um gélido arrepio de medo passou pelo seu corpo e, subitamente, sentiu-se na pele dos dois homens, vendo pelas janelas dos seus olhos e compartilhando com eles o terrível medo da morte que se aproximava. Sentiu que seu coração palpitava e se apressava com pavor, como reação àquele esforço de imaginação. Compreendeu, então, que ele, como tantos outros, morreria vez após vez durante aquele dia de verão, sentindo durante um tempo sem fim a agonia do sapateiro e do peixeiro.

Sem dúvida, isso também estava acontecendo com o escritor, e a agonia dos dois homens também era a sua agonia. Que outra coisa o teria trazido a Boston, num dia como aquele? Apesar de nunca ter visto esse homem, o professor de Direito Criminal sentia que o conhecia muito bem. Lera durante anos seus artigos nos jornais e deliciara-se com sua selvagem ironia, com seu incessante bom humor e seu caloroso coração. Tal como o professor, o escritor era um homem de emoção. Podia ser, ao mesmo tempo, cáustico e sentimental, chegando a extremos em ambos os casos. A consciência dessa semelhança na sua personalidade emocional tornou o professor de Direito Criminal um tanto apreensivo quanto ao próximo encontro. Como era estranho, pensou ele, que se estivesse preocupando com tais coisas num dia como aquele! Contudo, compreendia que a verdadeira importância num dia assim consistia tanto nos assuntos menores quanto nos mais importantes, tanto nos assuntos absurdos quanto nos mais profundos. Mesmo se o mundo estivesse chegando ao fim, os homens continuariam precisando comer e beber, seus corpos continuariam a expulsar o inaproveitável.

Agora, o professor já estava próximo da manifestação. Parou a alguma distância, estudando a gente que passava nas densas fileiras e, então, viu, sem a menor sombra de dúvida, a forma desleixada, enorme, do escritor, um homem alto, gordo, com o aspecto quase de um urso, todo despenteado, imerso em profundos pensamentos, enquanto caminhava sob o quente sol de agosto. O professor não tinha a menor dúvida de que era o homem com quem tinha um encontro e aproximou-se, apresentando-se. O escritor saiu da fila para apertar a mão do professor de Direito Criminal, referindo-se imediatamente à excelência do ensaio que o professor escrevera sobre o caso de Sacco e Vanzetti.

— Esperei muito tempo para lhe dizer isto pessoalmente, pois o senhor prestou um grande serviço, a mim, aos dois homens que estão no corredor da morte e a milhares de pessoas. Conseguiu, no seu ensaio, separar a angustiosa complexidade deste processo e extrair sua verdade simples e lógica. Eu, de minha parte, devo-lhe muito.

O professor estava embaraçado – não por causa do elogio, mas sim por pensar que naquele dia, especialmente, seu trabalho não devia ser elogiado. Assim, disse algo no sentido de que estavam vivendo num mundo que fugia à lógica ou a desprezava, apontando para o parlamento e recordando ao escritor:

– Aquele palácio dificilmente pode ser chamado de paraíso da verdade, nem é muito amante da lógica...

– Tem razão. Mas já estamos atrasados para o nosso encontro com o governador, não estamos? – perguntou o escritor. – Acha que isso prejudicou a possibilidade de nos receber?

– Estamos um pouco atrasados, sim, mas tenho a certeza de que ele nos receberá.

– Nunca compreendi por que razão se mostrou disposto a nos receber. Isso não confere com sua figura; não confere com sua personalidade.

– Mas o caso é que ele deve estar muito diferente do que é habitualmente – explicou o professor. – Se não me engano, receberá todos aqueles que o procurarem. Ficará ali sentado, no parlamento, e verá e escutará quem o for visitar, não saindo do seu gabinete até que tudo esteja terminado. Está exercendo seu próprio julgamento e sua própria salvação. Acho que ele pensa que, com esta noite, quando tudo estiver terminado, ele será o presidente dos Estados Unidos, tirando apenas os problemas técnicos das eleições, que ainda estão longe.

O escritor observou o professor com curiosidade enquanto este falava, admirado com o suave, mas insistente, tom de amargura na voz do homem. Escutando esse tom de amargura e vendo o homem, o escritor pensou de novo no surpreendente complexo que Boston se tornara naquele estranho dia de verão. Sendo escritor, tinha de observar tudo com certa dose de objetividade. Por isso, quando ele e o professor de Direito Criminal entraram no parlamento, o escritor organizou seu próprio espírito à passagem de pessoas e de acontecimentos com que deparara desde que chegara a Boston, horas antes.

– Agora – disse ele, falando consigo mesmo –, estou entrando no palácio do governo de Massachusetts. Nesta casa encontra-se um homem que se transformou num deus. Preciso estar bem consciente, examinar e solucionar o problema: se devemos ter pena, se devemos ter piedade dele. Já especulei mais de uma vez sobre sua maldade. Trata-se de uma maldade antiga e ele está instalado no poder como um faraó de séculos atrás, com um coração de pedra. Dizem que possui mais de 40 milhões de dólares. Neste sentido, equivale ao faraó, talvez até seja mais rico. Sua riqueza não deve ser inferior aos tesouros do antigo Egito. Ele governa o estado de Massachusetts, e embora não possua o segredo de conceder vida, tem o poder de a tirar. Esse homem usa todas as astúcias cotidianas, uma perfeita máscara, mas é um personagem que inspira medo. Há muitos males aqui, mas duvido de que haja mal pior, mais terrível, do que aquele que confere o poder de vida ou morte às mãos de um só indivíduo...

Dessa forma, o espírito do escritor organizou esta e aquela parte da cena num todo literário. Era seu modo de agir e não podia impedir que esse processo criador acontecesse, da mesma forma como não podia parar voluntariamente de respirar. No caso do professor, a coisa era diferente. Neste, a dúvida e o medo misturavam-se com o cansaço. Quando os jornalistas os cercaram, fazendo perguntas, o professor sacudiu a cabeça teimosamente e disse:

– Por favor, não nos detenham, agora. Tínhamos um encontro com o governador marcado para as três horas e já estamos muito atrasados. Que poderíamos dizer, aliás, antes de falarmos com o governador?

– É verdade que a irmã de Vanzetti vem aí? – queriam saber.

– Nada sei a esse respeito.

O escritor, todavia, já ampliara sua imagem da situação, incluindo uma mulher que viera de um lugar distante para apelar pela vida do irmão – um simples e maravilhoso drama, um drama que só a própria vida podia pintar com tamanha ousadia, dominando-o completamente.

Chegaram ao gabinete do governador e o secretário recebeu-os cortesmente, levando-os à sua presença.

Com uma expressão que não revelava nem amizade, nem hostilidade, o governador do estado recebeu-os e cumprimentou-os, examinando-os atentamente. Estava instalado atrás de sua mesa de trabalho – uma sólida parte de um mundo de pequenos homens que se sentavam atrás de mesas muito grandes e que olhavam de um modo em parte agressivo, em parte defensivo, em parte ansioso, todos aqueles que os vinham visitar, o que era muito natural, neste caso, pois os dois homens que acabavam de entrar naquele centro de antiga glória que ele governava eram, na realidade, muito estranhos e muito perigosos.

No início, há muito, muito tempo, os Pilgrim Fathers,* quando vieram para esta terra, construíram casas de troncos

---

*O termo Pilgrim Fathers se refere aos pastores protestantes expulsos da região dos Países Baixos por volta do século XVII e XVIII, em decorrência da perseguição pela Inquisição. Esses pioneiros peregrinos ingleses formaram a primeira comunidade inglesa que se estabeleceu nos Estados Unidos, no estado de Massachussets, e se tornaram tema central da história norte-americana. (N. do E.)

de árvores; seus tetos eram baixos; havia uma orgulhosa dignidade na mais humilde das moradias. Com o tempo, aprenderam diferentes modos de vida e o orgulho separou-se da humildade. O parlamento, que também era o palácio do governo estadual, era antigo, mas não tão antigo quanto aqueles dias de humilde orgulho e, assim, a sala que o governador ocupava era um lugar de beleza aristocrática, dourada, de painéis artisticamente talhados, de lambris cobertos por um belo verniz branco e onde cada peça do mobiliário saíra das mãos de um mestre. Não se tratava de uma sala em que um homem com 40 ou mais milhões de dólares se sentisse pouco à vontade, mas o professor e o escritor de Nova York sentiam-se tão embaraçados como se fossem culpados aos olhos da lei e réus num tribunal.

As roupas que usavam estavam amarrotadas e manchadas de suor. O escritor, vestindo um terno de verão, parecia tão deslocado ali quanto um urso se sentiria dentro de roupas de homem num palácio como aquele. O professor de Direito Criminal nunca se preocupava com suas roupas e seu aspecto sempre fora um tanto desleixado. Agora, não parava de girar nervosamente o chapéu de palha entre os dedos úmidos.

Os dois homens tinham vindo para apelar, para fazer um pedido, e o governador compreendia que eles vinham fazer o mesmo que todos os que, naquele dia, tinham entrado no seu escritório, pequenos e grandes, ricos e pobres – pessoas famosas ou pessoas insignificantes, a seus olhos, todas vindo para pedir, para rogar, para choramingar pela vida de dois agitadores, dois homens de fala incompreensível e de palavras falsas, dois homens que tinham dedicado a vida a destruir as belas coisas do mundo do governador. Essa era a maneira como o governador encarava a situação e a substância do que ele pensava, agora, ao olhar para os dois visitantes. Não sentia grande emoção. Para ele, era um dia sem emoção, sem qualquer espécie de emoção. Não lhe era fácil evitar que seus pensamentos fossem para longe, fazer com que ficassem ali com ele, no seu gabinete do parlamento, atentos a esse cansativo negócio de pedidos e apelos. No fundo de tudo aquilo, ele tinha uma base sólida sobre a qual funcionava. O governador tinha um objetivo. Sabia, no seu espírito, para onde ia e o que estava fazendo. Assim, decidira que não deixaria de receber quem o procurasse naquele dia. Que viessem todos, para serem testemunhas de que seu espírito não se fechara.

Por isso, escutava. Pesava uma declaração contra outra. Era um homem paciente, judicioso, não um homem cruel, pensava o governador. Estes dois, o professor e o escritor, talvez como outros que tinham vindo vê-lo, poderiam pensar que ele era um homem cruel, mas estavam enganados. Rejeitar o sentimentalismo não era crueldade. Como poderia ele ver seu dever se o visse como outras vinte pessoas desejavam que ele o visse? Agora, olhando para os dois homens que chegaram tão atrasados para seu encontro com ele, um deles professor e o outro escritor, um jornalista com uma reputação de excêntrico e de tendências radicais, o governador considerava com uma boa dose de autopiedade como se tornara um homem torturado desde que esse aborrecido negócio estava começando a chegar a seu ponto final.

"Pôncio Pilatos" era o nome que lhe davam, não sabendo como ele era tão pouco Pilatos, ele, um simples homem de negócios que sofria de gastrite, de inexplicáveis dores estomacais, do medo de um ataque de coração e de um grande desejo de fazer as coisas de maneira simples e sem dor, para agradar àqueles cujas opiniões ele rejeitava. O fato de ser muito rico não significava, necessariamente, que fosse um homem ruim. Como poderiam dizer isso, depois de ter se dado o trabalho de ir à prisão estadual, no outro lado do rio, para falar com Sacco e Vanzetti? Seria de esperar que tivessem ficado contentes por vê-lo, que tivessem compreendido o que significava ele, o governador do estado, ter ido visitar dois condenados, ladrões e assassinos, para ouvir seu lado da história. Mas em vez de demonstrar gratidão Sacco nem quis falar com ele, ficando olhando-o com os olhos cheios de horror e desprezo – de tal maneira que Vanzetti teve de explicar, como se pedisse desculpa: "Ele não o detesta pessoalmente, governador, mas o senhor é um símbolo das forças que odeia." Isso levou o governador a perguntar: "Que forças são essas?" Vanzetti respondera calmamente: "As forças da riqueza e do poder." Tinham conversado um pouco mais e o governador vira nos olhos de Vanzetti o mesmo que já notara nos olhos de Sacco: ira e desprezo.

O governador jamais esquecera ou perdoara o olhar deles. Dissera, então, para si mesmo:

– Muito bem, malditos vermelhos... pensem assim, se querem!

Agora, muita gente vinha interceder em favor desses "malditos vermelhos". O mundo inteiro apelava para o governador. Tinha diante de si, naquele momento, um professor e um escritor. Antes, recebera um padre e um poeta; depois desses dois esperava duas mulheres.

O professor começou pedindo desculpas por terem chegado atrasados. Disse que certas circunstâncias os impediram de chegar na hora, e que lamentava muito, pois de todas as audiências que ele concedera, esta era, talvez, a mais importante.

– Por que razão diz isso? – perguntou o governador.

Sua ingênua maneira de falar não era fingida. O professor atingiu essa compreensão menos rapidamente do que o escritor. Este compreendera imediatamente que o governador era um homem estúpido, sendo incongruente e inacreditável, e de certo modo mais terrível do que qualquer outro aspecto daquele dia amaldiçoado, verificar que um homem tão estúpido e incapaz de emoção ou de lógica estivesse instalado no palácio do governo do estado de Massachusetts, tendo nas mãos o decisivo e final poder da morte. Assim, o sentido civilizado da razão do escritor considerava impossível aceitar o que lhe diziam seus olhos e seus ouvidos. Sua razão assegurava-lhe que os idiotas não se instalam nos lugares dos poderosos e que 40 milhões de dólares não são dados a meros imbecis...

– Temos de argumentar e de defender um caso – disse ele, falando para si próprio e chamando a atenção de sua razão. – Portanto, não podemos menosprezar a astúcia do homem sentado à nossa frente.

O professor de Direito Criminal, entretanto, começara a falar. Declarava, naquele momento, num tom um pouco forçado e mesmo humilde, que não viera ali para desperdiçar o tempo do governador. Viera pelo fato de o mundo reconhecer que ele, o professor de Direito Criminal, conhecia um pouco melhor do que as outras pessoas todos os elementos do caso de Sacco e Vanzetti, já que se interessara profundamente por esses fatos durante vários anos e, também, em virtude desses fatos exigirem novos argumentos. Na apresentação inicial dessa declaração, o professor parecera quase abjeto no seu modo de falar e o escritor não entendia como é que um homem podia ser, ao mesmo tempo, tão humilde e tão sincero. A motivação dos indivíduos era, se não o pão, pelo menos a manteiga da inspiração do escritor e ele, agora, sentia-se tão curioso por saber que terrível necessidade impulsionava o professor quanto por conhecer que maldosa vontade de eliminar duas vidas motivava o governador.

– Eu desejo ser paciente – disse o governador –, mas os senhores devem compreender que há vários dias muitas pessoas me visitam para dizer que têm novas provas ou, então, novas e importantes interpretações das velhas provas. Tenho escutado essas declarações com uma paciência que pode ser considerada extraordinária, mas ainda ninguém foi capaz de me demonstrar que quaisquer novas provas eram verdadeiramente provas da inocência desses homens ou que as interpretações de provas existentes antes continham algo que pudesse transformar radicalmente minha atitude para com o caso. Como resultado do estudo que fiz dessas provas e da minha investigação pessoal do caso, incluindo entrevistas com um grande número de testemunhas, acredito, da mesma forma que o júri, que Sacco e Vanzetti são culpados e que o julgamento foi justo. O crime que cometeram ocorreu há sete anos. Durante seis anos, por meio de métodos protelatórios, com um apelo após outro, todas as possibilidades de adiamento foram utilizadas...

Um arrepio de horror atravessou o corpo do professor de Direito Criminal. Sentira-se muito acalorado, antes, mas agora, subitamente, sentia-se frio e trêmulo, como uma pessoa que sofresse um ataque de malária. Durante os últimos dias, ouvira dizer que quem visitava o governador para pedir clemência ou solicitar novo adiamento da execução encontrava-se sempre diante de uma espécie de discurso pronto sobre a decisão oficial do governador do estado de realizar a execução, que ele tornara pública semanas antes, ao anunciá-la no dia 3 de agosto, discurso esse que, aparentemente, ele decorara como um papagaio. Quando ouvira isso, o professor pensou que se tratava de um exagero, não acreditava. Assim, decidira que se tratava apenas de uma calúnia para ser acrescentada a todos os verdadeiros pecados atribuíveis ao governador. Mas agora via-se na mesma situação. Ele próprio enfrentava o que tantas vezes lhe tinham dito. Estava escutando o governador de Massachusetts proferir uma parte da sua decisão oficial e era evidente que repetia palavras decoradas. O esforço que fazia para escutar essas palavras tornou-se, de repente, uma das mais assustadoras e terríveis experiências que ele já sofrera. Quando compreendeu que o governador recitava sua própria decisão, toda a atmosfera da sala pareceu mudar; o mundo real brilhou no difuso padrão de um verdadeiro pesadelo e o professor viu diante de si, em vez de um sólido embora reacionário líder de um poderoso estado, um ser tanto enigmático quanto vazio, cuja forma humana ainda o tornava mais bizarro. Só com grande força de vontade pôde o professor organizar seus pensamentos e continuar sua argumentação.

– Perdoe-me, Excelência – disse ele. – Mas não acho justo prejulgar a informação que lhe trazemos. Antes de vir para cá, perguntei-me se seria melhor apresentar um simples pedido de clemência ou um pedido de justiça. Com algumas dúvidas ainda no espírito, tomei a decisão de não pedir meramente clemência...

– Compreendi desde o início – disse o governador, interrompendo-o – que havia muitos homens sóbrios e conscienciosos que estavam realmente perturbados sobre a culpa ou a inocência dos homens acusados e sobre a justiça do seu julgamento. Pareceu-me que...

Aquele horror doentio aumentou quando o professor verificou, uma vez mais, que o governador falava palavras decoradas. Seu coração tornara-se mais angustiado e teve de lutar contra um crescente desejo de vomitar, contra uma sensação avassaladora de calor, frio, loucura. Reprimiu desesperadamente a náusea, enquanto esperava que o governador terminasse. Quando, por fim, ele acabou de recitar a lição decorada, o professor prosseguiu na sua argumentação, embora duvidasse de que o governador o estivesse escutando ou, mesmo que o escutasse, se tinha qualquer compreensão lógica do que ele estava dizendo. O professor de Direito Criminal continuou desenvolvendo a tese de que viera pedir justiça e não misericórdia. Enumerou, lenta e metodicamente, as mais importantes testemunhas que haviam falado em favor de Sacco e Vanzetti, salientando que houvera, no total, mais de cem testemunhas. Repetiu alguns dos depoimentos daqueles que haviam jurado que Sacco e Vanzetti não poderiam ter estado no local do crime de que eram acusados. Destruiu completamente as alegações das testemunhas de acusação. Não falou durante muito tempo, pois tinha organizado toda a sua argumentação de forma lógica e concisa. Assim, em apenas 15 minutos, formara um quadro concreto da inocência dos dois homens. Tendo completado essa análise das provas, o professor disse:

— A mais amarga ironia de tudo isso, Excelência, é que Vanzetti jamais esteve em South Braintree em toda a sua vida. Como será desesperador considerar que, se ele morrer esta noite, terá morrido sem mesmo ter visto o local do crime que supostamente cometeu!

O governador aguardou cortesmente alguns instantes para verificar se o professor já terminara. Quando concluiu que assim era, falou, calmamente e sem a menor emoção:

— Tem sido uma tarefa difícil olhar seis anos para trás através dos olhos de outras pessoas. Muitas das testemunhas contaram-me suas histórias de um modo que senti ser mais uma repetição do que o produto de suas memórias. Algumas responderam que, em seis anos, tinham esquecido alguns incidentes e que, por conseguinte, não podiam lembrar o fato. A razão, como se pode imaginar, é que, por se tratar de uma experiência desagradável, tentaram esquecê-la.

O governador parou de falar e olhou com uma expressão interrogatória para o professor e o escritor. O professor sentia-se gelado, enjoado e nervoso, pois o governador dissera, uma vez mais, uma frase decorada. O professor, na verdade, sentia-se incapaz de prosseguir, voltando-se, então, para o escritor e olhando para ele como se apelasse para sua inteligência, enquanto, ao mesmo tempo, se perguntava se ele teria reconhecido a fonte da compenetrada e controlada eloqüência do governador.

— Eu, contudo, peço clemência – disse o escritor, falando muito simplesmente. – Peço misericórdia cristã, em memória de Cristo, que sofreu por nós.

— Não é uma questão de misericórdia – respondeu o governador, muito calmo. – O crime de South Braintree foi particularmente brutal. O assassinato do caixa e do guarda não era necessário para o roubo. É um equívoco pedir misericórdia. Esses homens puderam defender-se no tribunal. Os sucessivos adiamentos fizeram o caso arrastar-se pelos tribunais durante seis anos. Por isso, não vejo razão para outros adiamentos.

— Meu amigo, aqui a meu lado – disse o escritor, com sua voz ressoando, mas ainda algo controlada –, ofereceu a lógica como razão para o adiamento. O castigo tem sua dúbia validez apenas em relação com o crime. Eu estaria enganando o senhor, Excelência, se não lhe dissesse que não considero os acusados culpados de crime algum que não seja o de suas crenças radicais. Contudo, mesmo considerando que sejam culpados, eles já não terão pago o suficiente? O precioso dom concedido por Deus ao homem foi ele morrer só uma vez, jamais sabendo o momento exato de sua morte. Nos últimos sete anos, esses pobres homens morreram muitas vezes. Já morreram mil vezes, e o que o dia de hoje tem sido para eles é algo que nem eu nem ninguém poderia descrever. Isso não o comove, Excelência? Eu e meu amigo somos ambos homens orgulhosos, mas viemos pedir, rogar-lhe, Excelência, tão humildemente como se fôssemos escravos, oferecendo nossas vidas e nossa dignidade humana ao nosso senhor e dono. Pedimos as vidas desses dois homens...

O governador falou uma só palavra. Perguntou:

– Por quê?

Subitamente, o governador mostrava-se interessado e aquela pergunta englobava todos os seus poderes de compreensão. Queria saber o porquê – por que razão tanta gente viera à sua presença, por que lhe vinham pedir pelas vidas de Sacco e Vanzetti? Por que motivo o faziam? Sua atitude implicava que ele ficaria muito grato, realmente, se algum dos dois homens presentes lhe explicasse por que razão pensavam que Sacco e Vanzetti não deviam morrer.

O escritor de Nova York sentiu o mesmo horror que o professor já sentira. A simples mas horrível pergunta – pergunta que lhes fora dirigida pelo governador – deixara-os sem fala e, agora, só podiam aguardar em silêncio o que pudesse vir. O governador também aguardava. A atmosfera na sala tornara-se carregada e totalmente parada; era como se o ar tivesse perdido sua vida. Um grande relógio de parede ia marcando os minutos que passavam de uma forma bem sonora, com seu tique-taque incessante, mas os três homens continuavam silenciosos, esperando. Ninguém poderia dizer o que ia resultar desse longo silêncio, pois quando a dolorosa tensão se aproximava do seu ponto culminante a porta abriu-se e o secretário do governador veio anunciar que a Sra. Sacco e a Srta. Vanzetti – Luigia Vanzetti era seu nome, a irmã de Vanzetti que viera da Itália para implorar pela vida dele – tinham chegado. O governador voltou-se para o escritor e o professor numa atitude de quem pedisse desculpa. Explicou que, afinal, tinham chegado tarde para a audiência, que lamentava muito, mas aquelas duas mulheres tinham hora marcada e que ele ainda teria de receber outras pessoas. Perguntou-lhes também se queriam ir embora ou se preferiam ficar, enquanto ele falava com a Srta. Vanzetti e a Sra. Sacco.

O professor teria saído aliviadíssimo, mas o escritor respondeu por ambos, dizendo que gostariam de ficar, se o governador permitisse.

Sim, permitia, é claro, disse o governador, falando de um modo agradável, convidando-os, depois, a sentarem-se em duas confortáveis poltronas encostadas na parede, do outro lado da sala. O governador acrescentou que a melhor coisa a fazer, num dia quente e tão perturbado quanto aquele, seria procurar ficar instalado o mais confortavelmente possível. Transformara-se num anfitrião atento e gentil, mas o professor compreendia que esse seu aspecto, tal como as decisões recitadas, também era uma coreografia ensaiada, um ritual que não tinha qualquer relação com qualquer preocupação humana. Os dois homens sentaram-se e a porta abriu-se, com o secretário levando duas mulheres e um homem à presença do governador. O homem era, evidentemente, amigo das duas mulheres, e serviria de intérprete para a Srta. Vanzetti, que não falava inglês. Esta era uma mulher de baixa estatura, frágil e com uma aparência mais franzina do que se poderia ter imaginado. O professor e o escritor olharam para ela com grande curiosidade. Até aquele momento, Sacco e Vanzetti tinham sido nomes sem corpos. A súbita chegada dessas duas mulheres servira para materializar os dois homens ante seus olhos. O escritor estava imensamente comovido. Já ouvira falar que a Sra. Sacco era uma mulher muito bonita, mas não estava preparado para assumir sua beleza, pois era uma beleza que não se reconhecia a si mesma. Tratava-se de uma mulher sem o desejo de ser atraente para homem algum que não fosse aquele que lhe era negado. Essa sua característica, porém, dava-lhe a aparência de uma Madona que tivesse saído de algum antigo e perfeito quadro da Renascença, um momento de feminilidade capturado por Rafael ou Leonardo. Sua beleza desafiava todos os hábitos baratos e mesquinhos, parte da cultura desta terra, inventados para desqualificar a feminilidade, não para enobrecer. Agora, olhando para ela, o escritor nem compreendia que pudesse, alguma vez, ter considerado bela qualquer outra mulher. Depois, libertou-se de tal sensação, pois sabia que, de certo modo, estava sendo injusto para com a assustada e magoada mulher que se encontrava perante o governador. Sua dor era pessoal e muito diferente da estranha e silenciosa acusação da irmã de Vanzetti.

Não houve quaisquer preliminares ao que a mulher de Nicola Sacco disse. As palavras brotaram-lhe da boca como água correndo de uma nascente na montanha.

— Eu o conheço, senhor governador — murmurou. — Sei que tem esposa e filhos. E em que pensa quando olha para sua esposa e para seus filhos? Alguma vez olha para eles, governador, pensando, adeus, adeus, adeus para sempre, nunca mais os verei e vocês nunca mais me verão? Pensa nessa possibilidade? Meu marido me ama mais do que ama a si próprio. Como posso dizer-lhe que tipo de homem é? Nicola Sacco é gentil, delicado. Que posso dizer-lhe, senhor governador? Se uma formiga entrar numa casa, o mais natural é pisar nela e matá-la. A formiga é um inseto e um homem pouco se preocupa com ela. Pois Nicola Sacco pegava a formiga e levava-a para o jardim, e quando eu achava graça, sabe o que me dizia? Dizia sempre: tem vida e, portanto, tenho de honrar essa vida. A vida é um bem precioso. Pense nestas palavras, senhor governador. Eu gostaria de poder explicar-lhe como ele era com os filhos: nunca duro, nunca zangado, nunca impaciente, nunca ocupado demais para eles. Seus dez dedos eram escravos dos filhos. Que desejavam as crianças? Deveria ele transformar-se num burro e carregá-las nas costas? Pois era isso que fazia. Um trovador, para lhes cantar canções? Também o era. Um corredor para disputar corridas com eles? Isso, também. E que Deus nos ajudasse se eles estivessem doentes. Transformava-se numa enfermeira, jamais saindo de perto de *suas* camas. Falei *suas*? Vê o senhor como os anos me têm perturbado. Deveria ter falado no singular, apenas no nosso filho, Dante, pois ele nunca conheceu a filha, que nasceu e cresceu enquanto estava na prisão.

"Olhe para mim, senhor governador. Serei o tipo de mulher que se casa com um assassino? Será que lhe falei de um homem que mata a sangue-frio? Por que razão o quer destruir? Que terríveis demônios serão satisfeitos com a oferta de sua vida? E que mais posso dizer-lhe? Procurei pensar em tudo o que lhe poderia dizer, mas tudo se resume, afinal, em apenas um homem que tem tanto amor, tanta generosidade e tanta delicadeza que passeava em seu próprio jardim como São Francisco. Sabe o que ele desejava? Queria que todo mundo tivesse o pouco que tinha: uma boa esposa, bons filhos e um bom emprego que lhe garantisse o pão de cada dia. Era só o que desejava. E por isso era um radical. Costumava dizer que todos deviam ter a felicidade que ele tinha. Matar? Ele nunca, nunca matou! Jamais levantou a mão contra outro homem. E agora, senhor governador, salve-o, salve-o, por favor. Eu me ajoelharei a seus pés, mas poupe-o para seus filhos e para mim.

O governador escutou tudo sem que uma sombra de emoção lhe perturbasse as feições bem compostas e complacentes. Escutou muito cortesmente, com muita consideração, nem mesmo protestando quando a irmã de Vanzetti explodiu numa torrente de palavras em italiano. O homem que estava a seu lado traduziu tais palavras sem a emoção que sua voz continha, mas a verdade é que as palavras da italiana tinham um poder compulsivo e eloqüente. Disse-lhe que atravessara a França e que os trabalhadores a tinham convencido a liderar um desfile de dezenas de milhares de homens e mulheres ao longo das ruas de Paris.

— Disseram-me que me enchesse de coragem e de otimismo, que fosse à presença do governador desta terra e lhe contasse a verdade sobre Bartolomeo Vanzetti: homem bom, justo, de pensamentos claros e de grande dignidade. E vim sozinha para lhe dizer tudo isso. Meu pai enviou-me. Meu pai é um homem muito velho, tão velho quanto um daqueles patriarcas da Bíblia, e me disse: "Vai à terra do Egito, onde meu filho é mantido prisioneiro. Vai ante os poderosos da terra e salva a vida do meu filho."

O professor de Direito Criminal reparou que o escritor chorava. O escritor de Nova York chorava de uma maneira simples, sem vergonha, sem mesmo disfarçar. Depois, limpou os olhos deliberadamente e olhou para o governador. Este fitou-o bem nos olhos e isso em nada desconcertou o líder do estado. Escutara pacientemente o que as duas mulheres tinham dito e, como quando o professor acabara de falar, aguardou cortesmente, para ter certeza de que já tinham terminado. Quando teve essa certeza, sem a menor emoção, disse simplesmente:

— Lamento nada poder fazer para aliviar vosso desespero. Compreendo perfeitamente as razões que ditam esse desespero, mas terão de compreender que a lei é implacável nessas circunstâncias. Tem-me sido muito difícil olhar para trás seis anos pelos olhos de outras pessoas. Muitas das testemunhas contaram-me suas histórias de um modo que eu senti ser mais uma repetição do que um produto da memória...

O professor não pôde suportar por mais tempo.

– Preciso sair daqui! – disse ao escritor. – Entende? Preciso sair, e já!

O escritor concordou. Os dois homens levantaram-se e saíram rapidamente. No corredor, os jornalistas esperavam.

– Ele concedeu adiamento? – perguntou um deles, quase gritando.

O professor sacudiu a cabeça negativamente. Ele e o escritor saíram para a rua, para a luz do sol, na qual as fileiras da manifestação continuavam movendo-se, para cá e para lá. O escritor voltou-se para o companheiro e apertou-lhe a mão.

– Bem, este é o mundo em que vivemos. Não existe outro, ao que eu saiba. Estou muito contente por tê-lo conhecido. Nunca me esquecerei de você e de sua coragem.

– Não tenho coragem – respondeu o professor.

Em seguida, o escritor voltou para o meio dos manifestantes que era tudo o que podia fazer, agora, começando de novo a caminhar, para cá e para lá, enquanto o professor se encaminhava com passos pesados para os escritórios da Comissão de Defesa.

11

Antes das quatro horas da tarde do dia 22 de agosto já havia muita gente reunida na Union Square, na cidade de Nova York, centenas de pessoas, algumas formando pequenos grupos silenciosos, outras caminhando lentamente de um lado para o outro, enquanto outras, ainda, se movimentavam como se procurassem algo difícil de encontrar. A polícia também estava presente. Na verdade, já instalara postos de observação e homens armados nos telhados em volta da praça. As pessoas que se achavam na praça podiam ver, olhando para cima, as silhuetas dos policiais contra o céu, bem como as armas apontadas para baixo. Tais pessoas, olhando para os telhados, pareciam perguntar: "Que estarão esperando?" A praça já fora invadida por um silêncio temático: será que eles esperavam que um exército saindo dali da Union Square, em Nova York, marchasse para Boston a fim de libertar Sacco e Vanzetti?

Mas a polícia, mesmo que tivesse pensado numa coisa tão louca daquelas, já deveria ter compreendido que era tarde demais. Eram quatro horas da tarde daquela maldita segunda-feira. Até mesmo um coração de homem teria de voar com grande velocidade para alcançar Boston antes da meia-noite.

Foi pouco depois das quatro que a praça começou verdadeiramente a encher-se. Estranhamente, as mulheres chegaram primeiro. Eram mães e donas de casa, simples mulheres das classes trabalhadoras, na maioria dos casos, pobremente vestidas, de mãos ressequidas e calejadas no sustento da vida. Muitas tinham trazido os filhos, algumas com duas ou três crianças pela mão, enquanto outras traziam até crianças de peito – e as crianças pareciam saber que não se tratava de um simples passeio. Quando essas mulheres começaram a chegar, dois pequenos comícios também tiveram início, com os oradores em cima de caixotes, mas a polícia agiu rapidamente e dispersou esses grupos.

Pouco depois das quatro, grandes aglomerações de trabalhadores começaram a surgir na praça. Antes, já houvera centenas de operários das indústrias de peles e chapéus, que tinham abandonado o trabalho em sinal de protesto e de solidariedade. Agora, misturando-se com eles, havia outras centenas de operários italianos, que tinham ido trabalhar às sete horas da manhã e que largaram o trabalho às quatro horas. Vinham diretamente de suas fábricas e oficinas para a Union Square, carregando ainda as marmitas, cansados e sujos, transpirando, após a jornada de trabalho. Chegavam em grupos de quatro, de sete, de dez, com cada grupo vindo de um ponto diferente, e às quatro e meia uma nova reunião começou entre eles. A polícia deslocou-se imediatamente para esse novo grupo, mas os outros trabalhadores também tomaram a mesma direção e, subitamente, a multidão ficara grande demais. A polícia tivera de recuar, deixando que a reunião e os debates prosseguissem.

Um grupo de marinheiros, vindos dos navios mercantes atracados no porto, acabara de entrar na praça. Compunha-se de irlandeses, poloneses, italianos, alguns negros e dois chineses. Esses homens conservavam-se juntos, avançando para a massa compacta que já se formara. Tinham acabado de chegar perto de duas mulheres que soluçavam e, então, pararam, numa espécie de respeito embaraçado e impotente. Não muito longe desse ponto, um evangelista caiu de joelhos, gritando: "Irmãos e irmãs, oremos!" Algumas pessoas reuniram-se à sua volta, mas não muitas. De repente, do lado da Broadway e da Décima Quarta Avenida, surgiram na praça três longos carros abertos da polícia, transportando os chefões da delegacia central. Estes saíram dos carros e também fizeram uma reunião entre si. Depois, voltaram a entrar nos carros e afastaram-se um pouco, indo instalar postos de comando em volta da praça. Os carros, carregados de armas e de granadas de gás lacrimogêneo, ficaram guardados por uma dúzia de policiais.

Aqueles que já estavam instalados nos telhados observavam com grande interesse a praça encher-se completamente. De início, olhando para baixo, apenas viam pequenos grupos de homens e mulheres espalhados pela praça; as mudanças que se seguiram pareciam, vistas de cima, de natureza organizada e maquinal, tão inevitáveis no seu processo quanto uma transformação química seria. Subitamente, pequenos grupos juntavam-se para formar um grupo enorme; nenhum sinal fora dado, ninguém parecera mover-se; acontecia tudo em silêncio – e nesse mesmo silêncio os amontoados de homens e mulheres transformaram-se em três ou quatro grandes massas. A praça estava rodeada por pequenas fábricas de roupas; às cinco horas, seus operários saíram para a rua, e em poucos minutos a Union Square transformou-se num verdadeiro mar de gente – e, contudo, a coisa ainda mal começara. As operárias e os operários de outros pontos da cidade começaram a chegar; outros fluxos, vindos de mais longe, das oficinas gráficas, das fábricas de papel, das editoras, da indústria e do comércio de móveis já rumavam para a Union Square. As centenas transformavam-se em milhares e, então, o inquieto movimento de gente deteve-se. Convertera-se numa massa de humanidade. E um som elevou-se dessa massa, um som surdo, sem palavras, quase um zumbido que começou como um murmúrio de uma oração enfurecida.

Os policiais que se encontravam nos telhados não puderam esconder certo espanto pela maneira como tantos milhares de pessoas haviam se reunido. Perguntavam a si mesmos que força teriam dois condenados à morte para causar tanto amor e tanta dor. Quase todos eram homens religiosos, mas não ocorreu a nenhum deles, como ocorria com o ministro anglicano que se encontrava no meio da multidão, que quando Cristo fora levado pelos soldados de Pilatos, na cidade de Jerusalém, a simples gente trabalhadora se reunira daquela mesma maneira, na esperança de que, por meio de suas orações, da sua unidade e força algo acontecesse.

O ministro anglicano jamais participara, em toda a sua vida, de algo semelhante, jamais fora a uma manifestação da classe trabalhadora, jamais presenciara uma reunião de protesto. Jamais caminhara numa passeata ou sentira o impacto de longos cassetetes da polícia montada ou escutara o trovejar de uma metralhadora procurando eliminar vidas humanas ao acaso ou, ainda, jamais sentira nos olhos a dor angustiante do gás lacrimogêneo ou jamais cobrira a cabeça com as mãos para salvá-la das cacetadas de guardas enraivecidos. Sempre levara uma vida pacata, mas que não era muito diferente, apesar disso, da vida de milhares de americanos da classe média. Contudo, algo também o levara para aquela praça. Tal como sucedera com muitos outros americanos, sentira uma mudança em si e juntara-se ao sofrimento de milhões por intermédio dos dois condenados de Massachusetts, e, dia após dia, sua compreensão do que acontecia em Massachusetts ia tornando-se mais profunda. Por fim, incapaz de suportar a idéia de ficar sozinho, incapaz de resistir à angustiosa espera, dirigira-se para a Union Square – onde encontrara tantos companheiros para caminhar pela colina do Calvário a seu lado.

Não sentia menos tristeza, mas sentia mais paz. Movia-se no meio da multidão. Alguns olhavam para ele com curiosidade: era tão diferente deles com suas pálidas e delicadas feições, seus cabelos brancos e seus movimentos quase graciosos. Mas não se importava com isso nem se preocupava com todos os olhares que recebia. Estava surpreendido, de certo modo, de se sentir tão à vontade no meio daquela gente e, além disso, estava um pouco perturbado pelo fato de, considerando-se um homem de Deus, já ter passado quase sessenta anos em lugares onde essas pessoas jamais tinham ido. Não compreendia como isso era possível, mas com o tempo, por certo, acabaria por compreender.

Olhava os homens e as mulheres e adivinhava o que faziam para ganhar o pão de cada dia. Em dado momento, quando tropeçou, um negro, usando uma jaqueta sem mangas que cheirava a tinta e a verniz, ajudou-o a levantar-se. Depois, viu um carpinteiro com todas as suas ferramentas. Uma mulher, que usava um crucifixo, tocou-lhe gentilmente no braço quando passou por ele. Um grupo de mulheres soluçava em silêncio, falando entre si numa língua estrangeira que não entendia. Já escutara vários idiomas ali e maravilhou-se de novo diante da estranha e variada qualidade dessa gente, sobre a qual tão pouco sabia.

Depois, alguém o deteve e pediu-lhe que conduzisse uma oração. Era a última coisa que tinha em mente quando entrara na Union Square, mas como poderia recusar uma oração? Cheio de medo e de angústia, concordou. Ponderou que era anglicano e que talvez grande parte daquela gente não o fosse, mas iniciaria uma oração, sim, se era isso que desejavam dele.

– Não importa o que seja – disseram-lhe. – Uma oração é sempre uma oração.

Alguém lhe tomou o braço, conduzindo-o através da multidão e ajudando-o, depois, a subir numa plataforma, da qual ficou olhando para baixo, para um aparentemente interminável mar de rostos.

— Que Deus me ajude — disse falando consigo mesmo. — Ajude-me, agora. Não tenho orações para isso. Nunca estive numa igreja como esta e nunca vi tanta gente em toda a minha vida. Que poderei lhes dizer?

O pastor anglicano não sabia mesmo o que dizer, até que começou a falar. Então percebeu que estava dizendo:

— ... Seja qual for nossa força, tome um pouco dela e entregue-a a esses dois homens que estão na prisão de Charlestown, para que possam viver e a humanidade seja redimida...

Mas quando terminou, entendeu que errara; de uma pessoa de fé, transformara-se num homem de temor e de questionamentos. Sabia que nunca mais voltaria a ser como antes...

E a Union Square continuava a encher-se. Funcionários e pessoal de escritório, motoristas e trocadores de ônibus, costureiras e modistas, padeiros, mecânicos — todos se moviam para a Union Square numa procissão silenciosa, aparentemente sem fim. Muitos retiravam-se, mas muitos mais vinham tomar seus lugares e o grande mar de humanidade parecia existir sem qualquer movimento ou modificação.

A notícia chegou a Boston. A Comissão de Defesa de Nova York, encarregada da defesa dos direitos de Sacco e Vanzetti, encontrava-se a poucas quadras da Union Square. As pessoas que trabalhavam na comissão estavam há dias sem dormir ou descansar. Agora, no seu extenuante esgotamento, recebiam novo ânimo e consolo das massas populares que invadiam a praça, tendo enviado a notícia para Boston. "Dezenas de milhares..." gritavam ao telefone, "estão chegando à Union Square. Nunca houve um protesto assim. Aqui, conseguiremos, com toda a certeza..."

Não eram os únicos a pensar que jamais houvera um protesto como aquele. Olhando por uma janela que se abria para um dos lados da Union Square, um homem vira toda aquela gente chegar e também tivera a estranha impressão de que observava algo de novo e de terrível, algo de maravilhoso – algo que jamais fora igualado antes, em todas as poderosas manifestações dos trabalhadores americanos. Esse homem via a praça de seu escritório e passara toda a tarde nesse escritório, aguardando a chegada de outros homens, que vinham encontrar-se com ele. Tal como ele, eram líderes sindicais. Estava na janela olhando para a Union Square, às três e meia, quando o primeiro do grupo que esperava, um líder das alfaiatarias da confecção, se juntou a ele.

O homem que estava na janela – a quem chamaremos de líder – voltou-se, sorriu para o recém-chegado com um prazer evidente e estendeu-lhe a mão. Eram velhos amigos. O líder trabalhara desde criança na sua própria indústria, primeiramente como simples varredor e aprendiz; depois, como operador e cortador, à medida que ia aprendendo a profissão. Agora, era o dirigente do seu sindicato, um homem de crescente influência e prestígio no trabalho organizado da cidade de Nova York. Tinha um escritório confortável e recebia um bom salário. Apesar dessas felizes circunstâncias, que lhe tinham chegado tão tarde, ele permanecia o mesmo homem simples que seus amigos tinham conhecido, sempre muito direto e repleto de otimismo e de um entusiasmo que nada abalava. Não era alto, mas dava a impressão de altura. Era muito forte, com um rosto quadrado, agradável; e no calor dos seus movimentos e na espontaneidade de seus gestos havia algo de tão surpreendentemente simples que a maioria das pessoas o considerava completamente irresistível. Agora, o líder colocou as mãos nos ombros do colega e levou-o até a janela, apontando para a praça.

— Olhe para aquilo! Não será algo importante para nossos olhos? – perguntou, entusiasmado.

— Sim, suponho que sim – respondeu o líder sindical. – Mas também o é o 22 de agosto.

— Isso não significa que a luta terminou.

— Não? Que faremos? Que poderemos fazer tendo apenas mais algumas horas pela frente?

— Temos de adiar a execução, seja como for. Precisamos de pelo menos 24 horas... isso será suficiente. Dispondo desse tempo, voltaremos a recorrer aos líderes das federações. Só existe uma coisa que poderá salvar Sacco e Vanzetti, e que também nos salvará... e o movimento trabalhista americano.

— Que coisa?

— Uma greve geral.

— Você está sonhando.

— Será? Então, trata-se de um sonho que irá virar realidade.

— E supondo que não haja adiamento da execução?

— É preciso que haja – insistiu o líder.

— Eu não falaria numa greve geral aos outros, por tratar-se de um sonho. Não é possível, e se o fizéssemos, ficaríamos numa situação difícil.

— Então, prefere que eles morram...?

— Não, claro que não. Mas nossos sonhos não os salvarão. – Apontou para a Union Square. – Aquilo é tudo o que podemos fazer. Telefone para Boston e fale com o governador, implore, mas não sonhe com greves gerais. Os homens que podem conseguir tais coisas venderam-se, sim, venderam-se cinco vezes, uma atrás da outra, e também venderam os trabalhadores. Os sindicatos que poderiam iniciar uma greve geral foram esmagados e lavados em sangue. Não sonhe mais, meu amigo.

– Continuarei sonhando – respondeu o líder.

E com essas palavras ficou silencioso, aparentemente absorto em seus próprios pensamentos.

Os dois homens ficaram durante mais algum tempo observando a manifestação na Union Square sem trocar uma só palavra. Pouco depois, os líderes dos trabalhadores italianos da construção juntaram-se a eles. Um homem da indústria do aço que lutara durante dez anos para organizar o sindicato em Gary, no estado de Indiana, e que chegara a Nova York naquela mesma manhã, também chegou, juntamente com dois mineiros de cobre, de Montana. Esses dois mineiros tinham chegado a Nova York duas horas antes. Eram ambos muito jovens, de peles ressequidas e rostos longos e duros. Tinham vindo de Butte de trem, viajando nos vagões de carga, de carona, e por vezes sentados ou deitados nos eixos que havia por debaixo dos carros. Dessa forma, conseguiram chegar a Nova York, não exatamente na hora certa, mas também não muito mais tarde do que haviam prometido ao líder. Apertaram-lhe a mão calorosamente, estudando-o com franca curiosidade, pois tinham ouvido falar muito dele, embora nunca o tivessem visto. O líder, entretanto, conhecia bem a reputação desses dois homens e conhecia, também, a história de como, durante cinco anos, tinham tentado organizar os mineiros do cobre e da prata dos estados das regiões montanhosas. Tinham aprendido na escola mais dura e tinham emergido dela, conforme seria de esperar, como homens duros.

À medida que o tempo ia passando, outros líderes sindicais iam se reunindo ao grupo e, pouco depois, já havia mais de 12 homens no escritório do líder. Entre os presentes, havia um operário de uma fábrica de sapatos, um negro do Sindicato da Estrada de Ferro e outro negro, representante do sindicato dos trabalhadores das lavanderias. Havia representantes, ainda, dos joalheiros, dos fabricantes de chapéus, dos padeiros. Tratava-se, em resumo, pensava o líder, de um grupo que representava perfeitamente os sindicatos organizados existentes, o melhor que pudera ser reunido tão rapidamente, sem convocação prévia, neste 22 de agosto de 1927.

O líder deu início à reunião, mas mesmo enquanto falava não desviava o olhar da janela. Suas palavras eram tão inquietas quanto suas emoções. Depois, começou a andar pela sala, referindo-se constantemente ao pouco tempo de que dispunham.

– Assim, ao que parece – disse –, esta reunião deveria ter-se realizado há uma semana ou há um mês. Todavia, estamos aqui hoje e, pelo que posso ver, trata-se do último dia. É sempre assim que acontece com essas coisas. Nunca parece possível que haja um momento final, um momento limite, mas o fim chega e, agora, aqui estamos. Passei a manhã toda pensando no que poderíamos fazer e ainda não sei ao certo. A nossa gente está lá fora, a maioria na Union Square. Alguns sindicatos ordenaram que os trabalhadores saíssem de seus trabalhos antes da hora habitual, mas não foram em número suficiente, nada tendo mudado. Assim, nem mesmo dormi esta noite, pensando no que fazer.

— Mas que poderemos fazer? — indagou o operário do aço. — Ainda dispomos de algumas horas, mas não se pode mudar o mundo em poucas horas. Não é como se tivéssemos um movimento como existe em certos países da Europa. Na indústria do aço, batem nossas cabeças até ficarem uma massa de sangue, e temos de falar em murmúrios. Que poderemos fazer, agora?

— Talvez estejam murmurando há tempo demais — respondeu o representante dos padeiros. — Quando deixaremos de andar de cabeça baixa, murmurando, sussurrando, para que não nos ouçam?

O italiano, que era um dos homens que estava tentando organizar os trabalhadores das construções, e que sofrera fratura de crânio dois meses antes pelo fato de recusar vender-se, parecia querer dizer alguma coisa; o líder fez-lhe sinal para que falasse, mas ele sacudiu a cabeça e ficou calado. O líder dos trabalhadores da confecção de costura disse lentamente e com grande cuidado:

— Irmãos, hoje o dia constitui uma lição no dispendioso luxo da conversa. Todos nós criamos o hábito de falar e falar, mas desta vez cada minuto que conversamos não tem substituto. Chegamos ao fim e penso que temos de fazer alguma coisa. Não sei o quê. Não sei como. Espero que vocês me digam. Temos companheiros aqui que vieram de lugares distantes, onde há milhões de trabalhadores como nós. Como é que esses trabalhadores se sentem com relação a Sacco e Vanzetti e o que farão?

— Que podem fazer? — perguntou o trabalhador do aço. — É muito fácil falar sobre os operários e o que devem fazer, mas o operário tem sido espancado e tem passado fome. Além disso, lê nos jornais, se ousar abrir a boca, que é um sujo espião russo. Há duas semanas convocamos uma greve. Alguns abandonaram o trabalho e outros não. Muitos dos que fizeram a greve, em defesa de Sacco e Vanzetti, pagaram o preço e, hoje, estão sentados em casa, olhando para suas mulheres e seus filhos, escutando o lamento de uma criança com fome. E esta noite Sacco e Vanzetti vão morrer. Quantas horas faltam? Se tivéssemos sindicatos fortes, como na França, poderíamos fazer algo de importante, mas não temos e não nos devemos enganar. E a federação, que tem um sindicato forte e organizado, ri de nós e diz que esses desafortunados italianos merecem o que lhes está acontecendo. E essa é toda a história...

Um dos mineiros do cobre perguntou, desesperadamente:

— E os estivadores aqui de Nova York? Se entrassem em greve, mesmo que fosse só agora, poderiam ajudar um pouco. De todos os modos, está tudo muito tranqüilo. A cidade parou. Até mesmo ali na Union Square essa gente toda está muito quieta, calada demais. Nada acontecerá se continuarem assim tão quietos. Poderíamos fazer com que meio milhão de operários entrasse em greve, mas até começarem a marchar muitas coisas teriam acontecido. Não posso compreender o que está acontecendo. Por que razão aquela gente está tão parada? Você não conseguirá fazer com que marchem? Você disse que esses dois homens iam morrer por nós. Eu apresentaria as coisas de um modo mais concreto, meus amigos. Não conheço esta cidade. Não sei como as coisas são aqui, mas lá de onde venho, vemos tudo muito claro e simples. Por isso, resolvemos abandonar tudo e vir a Nova York para discutir, argumentar, marchar, dizer como as coisas têm de ser. Não podemos ficar parados, quando só nos restam tão poucas horas.

— Estou contando as horas e os minutos – disse o líder, falando com tristeza. – Sinto exatamente o mesmo. Nós temos alguma experiência em organizar nossa própria gente, mas não sabemos como ir para o meio daquela multidão e fazer com que dez mil pessoas comecem a marchar. É preciso que queiram marchar e terá de haver uma situação que lhes diga que, quando começarem a marchar, aquelas metralhadoras nos telhados em volta da praça não vão disparar e abatê-los. Todos nós aprendemos muito devagar, tão devagar que só podemos curvar a cabeça e chorar, mas vamos aprendendo um pouco de cada vez e não adianta gritar que alguma coisa precisa ser impedida. Acredito que poderíamos fazer alguma coisa, mas só se a execução for adiada.

Agora o italiano decidiu-se a falar. Concordou com o fato de ninguém saber se algo podia ser feito em tão pouco tempo, nas poucas horas que restavam. Tal como o líder, falava devagar, organizando suas palavras e seus pensamentos numa língua e numa cultura que não eram as suas. É claro, disse ele, que fariam o que pudessem, enviariam telegramas ao governador de Massachusetts e ao presidente dos Estados Unidos, usariam o telefone, se este pudesse ser útil, e poderiam mesmo comunicar-se com todo o operariado nas poucas horas de que ainda dispunham.

— Mas – prosseguiu – suponhamos que tudo o que tentarmos fracasse e que Sacco e Vanzetti morram da mesma maneira. Meu coração ficará muito magoado, talvez não tanto quanto o que sofrerão a mulher e os filhos de Sacco, mas sofrerei, disso podem ter certeza. Mas será o fim do mundo? Terão eles morrido em vão? Será essa a derrota, seremos esmagados, desprezados, por nada?

Não! Digo que a luta continuará e que talvez nos encontremos de novo no futuro, que voltaremos a falar de tudo isso e que, se os homens morrerem, lhes reservaremos um lugar bem destacado entre nós, em sua memória. Isso é o que eu digo.

Os outros olharam para ele. Havia uma mulher do Sindicato da Costura e da Confecção entre eles, e essa mulher olhou para o italiano, com os olhos cheios de lágrimas, e essas lágrimas correram pelo seu cansado rosto.

– Você tem razão, irmão – disse. – Sim, tem razão.

Ficaram todos em silêncio durante um momento e, depois, os dois representantes dos mineiros do cobre levantaram-se e foram até a janela, olhando para a Union Square. Uma grande massa já enchia completamente a praça e os dois homens observaram atentamente aquela gente como numa saudação silenciosa. E enquanto observavam, escutaram as recomendações do líder no sentido de que todos se juntassem imediatamente para convocar uma greve geral de todos os trabalhadores da cidade, para iniciar um protesto de caráter nacional e para efetuar uma grande passeata da Union Square até a prefeitura, para que a execução fosse adiada. Assim, seus planos, seus sonhos e suas esperanças transformavam-se em palavras, em instruções. Até certo ponto, excluíam sua própria força, e os dois mineiros estavam cansados em decorrência da longa viagem que tinham feito e de todas as lutas que tinham detrás de si, nas quais haviam sido batidos, esmagados. Ali na janela, observando aquela multidão na Union Square, suas forças e seu alento pareciam, apesar de tudo, voltar. Então, começaram a ver uma centelha de esperança nas medidas que o líder tomava. Eram sua própria força e a força de outros como eles que voltavam a correr nas suas veias. E agora, em seus pensamentos, imaginavam, por fim, uma revolta, um movimento da grande massa humana, um movimento que, se executado e completado, seria irresistível.

12

Às cinco horas, o juiz, preocupado, perguntou à sua mulher:

– Então, por que ainda não chegou? Não entendo esse atraso. Ele disse que estaria aqui às cinco horas...

– Não há razão para você estar tão preocupado – respondeu ela. – Que importância tem se se atrasar alguns minutos? Pode estar demorando por qualquer razão.

– É isso mesmo que eu queria dizer! Quando precisamos dele, há sempre alguma coisa que o atrasa. Quando não precisamos, está sempre aqui. Aí, nada o atrapalha. Sim, você pode ter certeza: se não precisamos dele, está sempre aqui!

– Não há dúvida de que hoje é um dia muito difícil – disse ela. – E faz tanto calor! Por que não vai se sentar na varanda da frente? Assim, quando ele chegar, você logo o verá. Deve estar chegando...

O juiz pensou que faria isso mesmo. Tratava-se de uma excelente idéia, pois estaria muito mais fresco e agradável na varanda. Sua esposa disse que lhe traria uma limonada gelada e alguns daqueles biscoitos de que o pastor tanto gostava, e quando este chegasse, deixaria os dois sozinhos para conversarem tranqüilamente.

O juiz foi para a varanda, que era muito ampla e que se abria para a estrada, na frente da casa, sentando-se numa cadeira de vime. A varanda estava na sombra e era muito agradável, além de lhe proporcionar uma grande intimidade, pois era fechada com cortinas de bambu, que permitiam que a luz passasse pelas aberturas, mas que impediam que alguém que estivesse de fora pudesse olhar para dentro. O juiz recostou-se na sua confortável cadeira e procurou acalmar-se. Mais cedo, neste mesmo dia, sentira um súbito espasmo de dor no peito, do lado esquerdo, e seu primeiro pensamento fora: "Bem, chegou, finalmente, por tudo o que me aconteceu e tudo o que tenho sofrido." O médico tinha sido chamado e examinara-o cuidadosamente, assegurando-lhe que eram apenas gases, resultado de alguma coisa que tivesse comido pela manhã e que não tivesse digerido bem.

Depois, o juiz dissera ao médico:

— Bem, doutor, o senhor já sabe que espécie de dia este vai ser...

— Um dia difícil, com certeza.

— Muito difícil, muito difícil. Já não sou mais jovem. O senhor está vendo as recompensas que são lançadas à virtude, como um osso seco a um velho cachorro. Deve agradecer por ser médico e não juiz.

— Cada um na sua profissão — dissera o médico. — A minha também tem seus problemas.

Sentado na cadeira de vime, o juiz refletia com certo alívio que a maior parte do dia já passara e que, dentro de mais algumas horas, o 22 de agosto teria terminado. Levando tudo em consideração, ele estava mais calmo durante este difícil período do que a maioria das pessoas estaria. Naturalmente, era um alívio ter aqueles dois policiais estacionados lá fora, protegendo a entrada da casa, mas as ameaças que tivera de enfrentar eram mais psicológicas do que físicas. As centenas de cartas que tinham chegado naquela manhã constituíam mais uma ameaça à sua paz de espírito do que ao seu bem-estar físico. Lera apenas algumas delas, notando, apesar disso, com certa dose de autojustificação, a considerável semelhança entre todas elas. Poderiam ter sido escritas por um grupo de consultantes, se se considerasse a maneira uniforme como ele era denunciado e como lhe pediam para salvar a vida dos dois condenados. Mais terríveis do que as cartas eram, sem dúvida, os jornais e as revistas que lhe tinham sido enviados anonimamente. Um jornal que tivesse publicado um artigo sobre o caso, contendo uma referência a ele, era aberto e dobrado de maneira diferente, de modo a que a referência ficasse do lado de fora. Invariavelmente, essa referência era rodeada por um círculo desenhado com um lápis preto, ou, em certos casos, uma seta vermelha era traçada na página, apontando para a referência. Um desses jornais, marcado com um círculo e uma seta, chegara naquela mesma manhã e de tal modo lhe chamara a atenção que, apesar de não o desejar fazer, o juiz sentira-se forçado, como se fascinado, a continuar lendo. O artigo dizia o seguinte:

"Gostaríamos muito de saber como é que o senhor juiz vai passar o dia 22 de agosto. Será que convidará alguns dos seus amigos mais íntimos, abrirá uma garrafa de vinho do Porto trazido para este solo sagrado há uma centena de anos e beberá à morte de um sapateiro e de um peixeiro? Ou será que o juiz passará o dia sozinho, contemplando serenamente as singulares recompensas de um homem que cumpre seu dever conforme o vê e conforme sua consciência o dita? Ou, talvez, prossiga na sua rotina habitual, armado com a severidade de um homem severo, jamais reconhecendo que este dia é diferente de qualquer outro.

"Decida o juiz o que decidir, não o invejamos. Justas foram as palavras do poeta que escreveu que *Os caminhos da glória não conduzem a outro lugar que não seja a sepultura.* Passe ele como passar esta segunda-feira, 22 de agosto, terá constantemente consciência de que ele, tal como outros homens e outras mulheres, é mortal. Bem no fundo do seu espírito estas solenes palavras não deixarão de ecoar: *Não julgues, se não queres ser julgado."*

Tendo lido isso, o juiz, de início, não ficara tão perturbado quanto desconcertado, e folheara furiosamente o jornal, ansioso por verificar se era de tendência vermelha, comunista, radical, socialista ou anarquista. Com surpresa, descobriu que o texto que acabara de ler fora publicado no jornal de uma seita protestante, uma seita intimamente ligada àquela a que ele pertencia. Tal descoberta foi tão incômoda e tão irritante que se fixou no seu espírito, atormentando-o e perturbando-o até não poder suportar a idéia por mais tempo. Fora então que telefonara ao seu próprio pastor e lhe pedira para vir passar algum tempo com ele neste dia terrível. O pastor, por estar muito ocupado, dissera-lhe que era melhor adiar essa visita para o fim da tarde, e o juiz concordara, dizendo-lhe que viesse às cinco horas e, depois, jantasse em sua companhia. Esse telefonema ocorrera pouco depois do meio-dia e o juiz não pensara que as horas que o separavam das cinco da tarde lhe iriam impor novas dificuldades que não pudesse enfrentar com seus próprios meios.

A realidade dessas horas, porém, foi bem diferente do que ele antecipara. A vida não deixou o juiz em paz nesta segunda-feira e durante o dia inteiro houve uma sucessão de mensagens, telegramas, cartas entregues especialmente e telefonemas. Apesar de envergar o que ele pensava ser a justiça e sua própria honestidade, o juiz sentira-se abalado. Agora, às cinco horas, era um homem confuso que precisava urgentemente das palavras de um amigo, de um ministro religioso. Assim, o alívio que sentiu ao ouvir passos na entrada do jardim era perfeitamente compreensível, podendo também compreender-se por que motivo, quando o pastor entrou na varanda, o juiz o acolheu com tanta ansiedade e de um modo mais agradecido e entusiástico do que suas relações passadas justificavam. O pastor compreendia que aquele dia era totalmente anormal na vida do juiz e, por conseguinte, estava disposto a ser mais tolerante com as atitudes fora do comum que o velho pudesse tomar.

O juiz apertou calorosamente a mão do pastor e convidou-o a sentar-se a seu lado numa das grandes cadeiras de vime que havia na varanda. O pastor assim fez, grato por aquele momento de descanso, colocando o chapéu e a bengala cuidadosamente sobre a mesa baixa, em cima da qual havia um monte de jornais e revistas. Quando a empregada chegou, trazendo uma bandeja com copos, limonada e biscoitos, o juiz encheu os copos para ambos, e o pastor, depois de enxugar o suor que lhe cobria a testa, bebeu com prazer o refrescante líquido. Em seguida, pegou um dos biscoitos e, sorrindo com satisfação, saboreou-o e declarou que era excelente.

– E também gosto muito da limonada que sua senhora prepara – disse. – Tem um gosto fresco, natural, como se tivesse sido acabada de fazer. Muita gente faz limonada no verão, mas raramente consegue que fique com o gosto de limões acabados de espremer. Eu sempre afirmei que o limão tem um admirável efeito como refresco e como reconstituinte da boa disposição. Estou convencido de que a limonada é uma excelente forma de eliminar as indisposições causadas pelo calor do verão. Também já ouvi dizer que é um ótimo remédio para as tonteiras e os desmaios...

E, assim, o pastor foi falando de modo inconseqüente, enquanto bebia a limonada e comia os biscoitos. Estava procurando manter sua reputação de ser um homem alegre, sempre otimista e vendo apenas o lado bom das coisas. Contrastava singularmente com o juiz, agora uma verdadeira imagem de preocupação e nervosismo. Na verdade, o pastor era uma figura rechonchuda, com uma barriga bem redonda e saliente, e faces tão rosadas e gordas quanto maçãs recém-colhidas.

O juiz escutou-o pacientemente durante algum tempo, mas depois, não podendo mais agüentar aquelas palavras vazias, recordou ao pastor que desejava falar-lhe sobre certos assuntos bastante perturbadores.

— Perturbadores? — repetiu o pastor, franzindo a testa. — Parece-me que devemos fazer uma pausa e meditar um pouco, para colocar certas infelizes noções no seu devido lugar. O senhor, entre tantas pessoas, juiz, é a que menos razão tem para estar perturbado. O julgamento, tal como a ação de um ministro religioso, deve ser considerado uma extensão da vontade de Deus. Sem julgamento, o mundo cairia na anarquia. Sem a ação religiosa, o mundo seria ateu. Somos ambos pastores e, na realidade, nossa semelhança e nossas missões encontram-se nos dois lados da mesma moeda. O senhor não concorda?

— Devo dizer que nunca encarei as coisas dessa maneira.

— Mas pode fazê-lo a partir deste momento. Sim, faça isso — insistiu o pastor, saboreando sua limonada.

— O senhor deve compreender minha situação — tornou o juiz. — Esse processo arrastou-se durante sete anos. Envelheci, desde que ele começou. Minha paz de espírito esvaiu-se. Agora, esteja eu onde estiver, apontam para mim e dizem: *Ele? Sim, foi ele que condenou os dois anarquistas à morte.*

— Mas não será isso óbvio? – perguntou o pastor, falando com uma expressão benevolente. – Se não fosse o senhor, seria outro, com certeza. Mas o destino, comandado pelo Todo-Poderoso, escolheu o senhor. Alguém tinha de se sentar na cadeira do juiz, e o senhor foi o escolhido. Não foi o senhor, mas sim o júri, que considerou aqueles homens culpados. E uma vez decidido isso pelo júri, o senhor, quando proferiu a sentença, apenas cumpria seu solene dever. Existem certas pessoas de grosseiro materialismo nesta era materialística – acrescentou o pastor, começando a mastigar novo biscoito e exprimindo seu agradecimento ao juiz, que lhe servira mais um copo de limonada – que afirmam não haver outro julgamento depois do seu. No entanto, o julgamento final ainda está por vir. Há outro tribunal perante o qual os dois homens terão de se apresentar e haverá outro juiz que escutará seus argumentos e seus apelos. O senhor cumpriu seu dever. Pode alguém fazer mais do que isso?

— É muito reconfortante ouvi-lo dizer isso. Mas olhe para este artigo – disse o juiz, estendendo-lhe o jornal religioso, com o texto cercado por um círculo a lápis.

O pastor leu o texto e ficou muito irritado.

— Como é possível! – exclamou. – Eu gostaria de estar frente a frente com o homem que escreveu isto! Gostaria de saber alguma coisa a seu respeito! Que espécie de cristão será ele? Sim, isso é o que eu gostaria de saber. Aconselha a não julgar, mas, ao mesmo tempo, está julgando. Duvido tanto da sua sinceridade quanto da sua religiosidade!

— Então, pastor, não acha que pode ser considerado uma espécie de posição oficial?

— Posição oficial? Meu Deus! Não, nada disso, meu caro juiz.

— Sabe de uma coisa? Tenho dormido mal, tido pesadelos, alguns verdadeiramente monstruosos. Não se trata, porém, de um caso de consciência pesada. Rejeito tal pensamento como sendo absurdo!

— E faz muito bem em rejeitá-lo — concordou o pastor, com a mão procurando de novo o prato de biscoitos. — Faz mesmo muito bem...

— Tenho a consciência tranqüila. Não lamento o que fiz. Examinei as provas e pesei-as muito cuidadosamente, mas a coisa é mais profunda do que o simples problema das provas. Acredite, pastor, quando vi aqueles homens pela primeira vez, tive logo a certeza de que eram culpados. Podia vê-los na maneira de falarem, na atitude que tomaram diante de mim. A culpa estava escrita em seus rostos. Durante sete anos, seus advogados fizeram moções, apelos e tudo mais que a lei faculta. Evocaram exceções e argumentos de todos os tipos, tomaram todas as medidas possíveis. E poderia alguém ter escutado seus argumentos, suas moções mais pacientemente do que eu? Recusei-me alguma vez a atender a seus pedidos ou a escutar o que me queriam dizer? Mas como poderia alterar minha concepção original do caso?

— Se nenhuma prova surgiu para contrariá-la, então, meu caro juiz, o senhor não podia mesmo alterar sua linha de pensamento.

— Mas existe outra coisa, algo de muito especial! — exclamou o juiz, levantando-se com um salto e começando a passear nervosamente pela varanda. — Sabe o que estou pensando? Sabe o que me parece? Que esses dois homens querem a morte, procuram a morte, para seus sombrios propósitos. No início, tinham apenas um pensamento, um desejo: destruir, desmoronar, abalar tudo o que nós construímos, tudo o que nos é querido e que veneramos.

Quando olho a meu redor nesta nossa Nova Inglaterra, quando olho para as casas cobertas pelas sombras de frondosas árvores, para os seus verdes gramados e para suas crianças, louras e de olhos claros, estremeço ao imaginar tudo isso sendo destruído pelo fogo de idéias que não são as nossas. Algo aconteceu nesta terra. Gente estrangeira veio para cá, gente turva, gente escura, gente receosa de nos encarar de frente. Essa gente veio com suas próprias línguas e vive em favelas, lançando um manto negro sobre toda a região. Como os detesto! Será errado odiá-los tanto?

— Receio que sim, que seja errado odiar — disse o pastor, quase como se lamentasse o fato.

— Sim, entendo o que diz e sei que tem razão — concordou o juiz, continuando a caminhar de um lado para o outro. — Mas que se pode dizer a comunistas, a socialistas, a anarquistas? Suponha que tivessem algum poder sobre os tribunais. Que justiça haveria para pessoa como eu ou como o senhor, ou para a nossa gente da velha estirpe? Seria suficiente que escutassem uma voz bem sonora, que vissem uma cabeça loura ou um par de olhos azuis para que se lançassem na sua própria dança da morte. Vieram para cá com sua maldita agitação, com seus folhetos e panfletos, semeando o descontentamento e a revolta, perturbando a simples gente trabalhadora, jogando irmão contra irmão, sussurrando por todos os lugares: *Mais dinheiro! Melhores salários! Seu patrão é um demônio! Seu patrão é um ladrão!* Onde antes havia paz e contentamento, agora só existe ódio e luta. Onde um jardim florescia, eles fizeram um deserto. Sempre que penso que poderíamos ter aqui, nesta abençoada Nova Inglaterra, a maldita ignorância e o ódio, os campos de escravos, a fome e o trabalho forçado da Rússia, meu sangue ferve e meu coração pára de bater. Será errado que eu odeie aqueles que violaram minha terra, aqueles que odeiam o nome da América e o passado dos Estados Unidos?

— Nunca é errado odiar os servidores do diabo — disse o pastor, grato por poder concordar com o juiz. — Disso, meu caro juiz, pode ter certeza. Como se poderia, de outra forma, lutar contra o Príncipe das Trevas?

— Não estou dizendo que eu também não tenha meus pecados! — exclamou o juiz, voltando-se de repente para encarar o pastor. — Em certos assuntos, agi estupidamente e sem pensar. Mas devo pagar por tais pequenos lapsos durante o resto da vida? É verdade que disse algo, na minha irritação, sobre o que fiz a esses dois anarquistas. Uma linguagem forte demais, dirá o senhor, pastor, mas eu tinha sentimentos muito fortes quando falei daquela maneira, e pensei que me dirigia a cavalheiros. Descobri, contudo, que a verdade era muito diferente e que os homens que me escutavam estavam longe de ser cavalheiros. No dia seguinte, minhas palavras eram repetidas por toda parte, espalhadas aos quatro cantos da Terra, e, então, afirmaram que agi com base na maldade e num ódio pessoal. Nada existe de mais falso! Garanto-lhe, pastor, nada existe de mais falso do que isso! Esse caso esgotou-me e quase acabou comigo. Dei-lhe meu sangue vital, tudo o que tinha dentro de mim. Quando voltarei a ter paz?

O pastor engoliu apressadamente o biscoito que estivera mastigando.

—. Nunca se deve desesperar numa situação assim — disse. — O tempo é o melhor remédio, a melhor cura. Tudo, menos o Todo-Poderoso, sucumbe ao tempo. Olhamos à nossa volta, hoje, suportando os grandes fardos dos nossos sofrimentos e das nossas atribulações do momento, dizendo a nós próprios, compreensivelmente, que jamais passarão e que nunca mais teremos descanso. Mas é um ponto de vista humano, e errar é humano. Deus cura, à sua maneira. O tempo é o bastão de Deus. O tempo é um grande remédio, senhor juiz, pode ficar certo disso.

— É muito reconfortante ouvi-lo dizer isso. — O juiz voltou a sentar-se na grande cadeira de vime. — Muito reconfortante. Há tão pouca gente que tenha uma idéia do que nós suportamos, eu, o promotor, os membros do júri, sim, e mesmo muitas das testemunhas que falaram pelo estado. Fomos acusados de detestar os estrangeiros, de termos sentimentos preconceituosos contra os italianos. Essa gente vem para a nossa terra, rouba e assassina, e se condenamos tais delitos, dizem que estamos cheios de más intenções e de preconceitos, de ódio. Tem sido um fardo terrível, acredite, pastor. E, é claro, cada elemento subversivo e antiamericano de toda a nação aproveitou-se desse caso. Serviram-se dos dois italianos para minar a autoridade e para fazer com que pessoas como eu e Sua Excelência, o governador, fossem desprezadas. Chegaram mesmo a difamar o venerando presidente da universidade, cuja investigação do caso confirmou tudo o que tínhamos averiguado, decidindo-se pela justeza da condenação desses dois homens.

— Um homem corajoso tem sempre de pagar um preço. Mas o senhor terá sempre o consolo de haver cumprido seu dever com justiça e coragem.

O pastor meteu a mão no bolso e tirou um belo relógio de ouro, examinando-o com atenção.

— Meu Deus! — exclamou.

— Mas o senhor vai ficar para jantar, não vai? — perguntou o juiz, protestando.

— Receio que não seja possível — respondeu o pastor, suspirando. — Sei que tinha prometido, mas preciso voltar para o meu escritório e terminar um trabalho.

Na realidade, o pastor estava muito impaciente, agora, já que durante a conversa todo o teor de um sermão lhe viera ao espírito e sentia, portanto, a obrigação de escrever seus pensamentos antes de que estes escapassem. O juiz disse que lamentava profundamente a partida, mas repetiu que as palavras do pastor haviam sido um alívio para ele. Acompanhou-o até o portão do jardim e, depois, voltou para a frescura e o conforto de sua varanda.

13

Depois de o pastor ter saído, o juiz instalou-se na sua cadeira tão confortavelmente quanto lhe era possível e colocou os pés sobre um suporte. Na esperança de distrair seus pensamentos, tentou ler uma novela de mistério, mas a luz era fraca demais na varanda e, depois de ter lido apenas algumas linhas, adormeceu. Para falar a verdade, as tensões que se haviam acumulado naquele dia tinham-no cansado bastante, e o alívio que o pastor lhe proporcionara permitiu-lhe adormecer fácil e rapidamente. Mas o adormecer tivesse sido rápido e suave, o próprio sono, por outro lado, era inquieto e perturbado. Tal como acontecera tantas vezes ultimamente, seu sono era repleto de pesadelos e, na maioria dos casos, reproduziam situações do passado.

No sono, os pensamentos do juiz regressaram a um dia não muito distante, um sábado, o dia 9 de abril daquele mesmo ano, quando proferira a sentença final e condenara os dois anarquistas à morte. Isso fora há quase cinco meses, mas o incidente ficara profundamente gravado na sua memória e, uma vez mais, no sono, encontrava-se sentado na sala do tribunal, com todos os seus papéis diante de si, pronto para impor a sentença por um crime cometido sete anos antes a dois homens que tinham passado esses sete anos na prisão. Como olhara estranhamente para os dois homens, quando entraram no Tribunal de Justiça! Já quase esquecera o que eram e que aparência tinham. De certo modo, após todos aqueles anos, já não pareciam tão malvestidos ou tão desesperados, quanto ele os vira na sua memória, embora tomassem seus lugares naquela estranha e bárbara aparelhagem da justiça da Nova Inglaterra, a jaula em que os prisioneiros se sentavam quando eram julgados ou condenados.

O juiz bateu com seu martelo e o promotor levantou-se e disse:

— Se o tribunal assim o permitir, o caso sob consideração nesta sessão consiste nos números 5.545 e 5.546, o Estado *versus* Nicola Sacco e Bartolomeo Vanzetti.

— Foi registrado neste tribunal, como o meritíssimo juiz recordará, que no processo 5.545, o Estado *versus* Nicola Sacco e Bartolomeo Vanzetti, os dois réus foram condenados por assassinato em primeiro grau. Os registros são bem claros e, por conseguinte, peço ao tribunal a imposição da sentença. Os estatutos permitem ao tribunal estabelecer quando essa sentença deverá ser imposta. Tendo isso em mente, e a pedido da defesa dos réus, pedido esse deferido de boa vontade pelo Estado, sugiro que a sentença a ser imposta seja executada em qualquer momento durante a semana que começa no domingo próximo, dia 10 de julho.

O juiz fez que sim com a cabeça, para mostrar que concordava com o promotor. O funcionário do tribunal voltou-se, então, para o primeiro dos condenados e disse:

— Nicola Sacco, tem alguma coisa a dizer que impeça que a pena de morte lhe seja imposta?

Sacco levantou-se. Olhou diretamente para o juiz por um longo momento antes de falar. O juiz, embora procurasse resistir, foi obrigado a baixar o olhar. Sacco começou a falar num tom de voz muito suave. À medida que prosseguia, sua voz ia-se tornando mais forte, mas o tom continuava suave, melodioso. Parecia quase desligado de toda aquela cena, quando disse:

— Sim, senhores. Não sou orador. Não conheço muito bem a língua inglesa e sei que meu amigo, meu camarada Vanzetti, falará mais longamente e, assim, ele o fará melhor do que eu.

"Entretanto, devo dizer que nunca conheci, nunca ouvi contar, nunca li na história algo de tão cruel quanto este tribunal. Depois de sete anos nos processando, ainda nos consideram culpados. Entendo que a sentença será entre duas classes: a oprimida e a rica. Nós nos sentimos irmãos da gente dos livros, da literatura. Vocês perseguem o povo, tiranizam e matam. Nós sempre tentamos educar o povo. Vocês tratam de insuflar o ódio entre diferentes nacionalidades. É por isso que estou aqui hoje neste banco, por pertencer à classe dos oprimidos. Senhor juiz, o senhor conhece toda a minha vida, sabe por que estou aqui, e depois de sete anos de nos perseguir, a mim e à minha pobre mulher, ainda vai nos condenar à morte. Gostaria de contar a história da minha vida, mas, do que adiantaria? Vocês sabem de tudo e meu amigo, meu companheiro, falará mais do que eu, pois ele conhece melhor a língua e eu deixarei que fale por mim. Meu amigo é um homem generoso e bom para todas as crianças. Vocês se esquecem de que toda a população esteve conosco nesses sete anos, para ser solidária e nos dar toda a sua energia e generosidade. Por isso, não gostam dessa população. Além do povo e das classes trabalhadoras, também uma grande legião de intelectuais esteve conosco durante sete anos, mas este tribunal insiste. Agora só me resta agradecer a todos, ao povo e aos meus companheiros, que nos acompanharam nesses sete anos, e dar a meu amigo Vanzetti a oportunidade de falar. "Esqueci de mencionar algo que meu camarada me lembrou. Como disse antes, o senhor juiz conhece toda a minha vida, e sabe que eu nunca fui culpado. Nunca. Nem hoje, nem ontem, nem nunca.

Nicola Sacco acabou de falar e um silêncio pesado pairou sobre o recinto do tribunal. No sonho, o juiz teve a impressão de que esse silêncio durava uma eternidade, mas a verdade é que não passou de alguns segundos. O funcionário do tribunal interrompeu-o. Muito preciso e cumpridor de suas obrigações, levantou-se, apontou para o segundo réu e perguntou:

– Bartolomeo Vanzetti, tem alguma coisa a dizer que impeça que a pena de morte lhe seja imposta?

Um silêncio ligou esta brutal pergunta à resposta de Vanzetti. Quando se levantou, nada disse a princípio, limitando-se a olhar em volta, para o juiz, para o promotor, para o funcionário do tribunal e para o público. Sua calma parecia quase desumana. Lentamente, muito sereno e, de início, sem qualquer paixão, começou a falar:

– Sim. Afirmo que sou inocente. Não só que sou inocente, como também que, em toda a minha vida, nunca roubei, nunca matei, nunca derramei sangue. É isso o que quero dizer. Mas não é tudo. Não só sou inocente desses crimes, não só nunca roubei, nunca matei e nunca derramei sangue, como também lutei durante toda a minha vida, desde que alcancei a idade da razão, para eliminar o crime da face da Terra.

"Agora, devo dizer que não só sou inocente de todos esses crimes, que não só jamais cometi um crime em toda a minha vida, embora alguns pecados sim, mas não crimes, que não só lutei toda a minha vida para eliminar os crimes da face da Terra, os crimes que a lei oficial e a moral oficial condenam, mas também os crimes que a moral oficial e a lei oficial sancionam e santificam: a exploração e a opressão do homem pelo homem. E se há alguma razão para que eu esteja aqui, como culpado, se há uma razão pela qual vocês dentro de poucos minutos me poderão condenar, essa é a razão e nenhuma outra.

Aqui, Vanzetti fez uma pausa, parecendo procurar palavras e imagens na memória. Quando voltou a falar, o juiz não conseguiu compreender a quem se referia. Só depois de Vanzetti ter pronunciado algumas frases é que a idosa e sombria figura de Eugene Debs emergiu de suas palavras e entrou no recinto do tribunal.

– Perdão, há uma exceção – disse Vanzetti, falando com carinho, agora. – Esse é o melhor homem que já vi em toda a minha vida, um homem que permanecerá e que será sempre querido pelo povo, que estará sempre, profundamente, no coração do povo, enquanto houver admiração pela bondade e pelo sacrifício. Estou falando de Eugene Debs.

"Esse homem teve uma experiência real de um tribunal, da prisão e de um júri. Por desejar que o mundo fosse um pouco melhor, foi perseguido e difamado, da infância à velhice e, na verdade, foi assassinado na prisão. Ele sabia da nossa inocência, não só ele, mas aliás todos os homens de boa vontade em todo o mundo, não só neste país, mas também em todos os outros países, todos eles estão ainda conosco, a flor da humanidade da Europa, os melhores escritores, os grandes pensadores da Europa, todos apelaram e suplicaram em nosso favor. Os cientistas, os maiores cientistas, os grandes estadistas da Europa, todos nos defenderam. Os povos das nações estrangeiras apelaram em nosso favor.

"Será possível que apenas algumas pessoas do júri, apenas dois ou três homens que condenariam as próprias mães em troca de prestígio e fortuna; será possível que só eles tenham razão contra todo o mundo, quando o mundo inteiro já declarou que era errado e quando eu sei que é errado? Se alguém existe que saiba se é certo ou errado, esse alguém sou eu, e também esse outro homem. Como sabem, estamos presos há sete anos. O que sofremos durante esses sete anos nenhuma boca humana poderia dizê-lo e, mesmo assim, aqui estou, diante de vocês, sem tremer, olhando-os bem de frente, sem ficar embaraçado, sem mudar de cor, sem me envergonhar e sem ter medo.

"Eugene Debs dizia que nem mesmo um cachorro que mata galinhas seria condenado por um júri americano com as provas que o Estado apresentou contra nós."

Vanzetti fez nova pausa e olhou para os olhos do juiz antes de continuar. Essa era a parte do sonho que sempre se transformava num pesadelo – embora, no momento em que isso aconteceu, o juiz tivesse permanecido frio e impávido. Vanzetti continuou:

– Já provamos que não pode ter havido outro juiz na face da Terra com mais preconceitos e mais cruel do que o senhor tem sido conosco. Sim, isso está provado. Mas continua a recusar-nos novo julgamento. Nós sabemos, e o senhor sabe no seu coração, que esteve contra nós desde o início, mesmo antes de nos ter visto. Na verdade, antes de nos conhecer, já sabia que éramos radicais, que éramos menos que cachorros.

"Sabemos que falou contra nós, que demonstrou sua hostilidade contra nós, que expressou o desprezo que tinha por nós quando em companhia de amigos seus num trem, no Clube da Universidade de Boston, no Clube de Golfe de Worcester, Massachusetts. Tenho certeza de que se as pessoas que sabem tudo o que disse contra nós tivessem a coragem de vir aqui depor, talvez o meritíssimo – e lamento dizer isto porque o senhor é um velho e meu pai também é velho – estivesse sendo julgado ao nosso lado.

"Fomos julgados num tempo que já pertence à História. Refiro-me ao tempo em que havia um histerismo de ressentimento e de ódio contra pessoas com nossos princípios, contra os estrangeiros, e parece-me, ou melhor, tenho certeza de que tanto o senhor quanto o promotor fizeram tudo o que era possível para provocar ainda mais a paixão do júri, os preconceitos do júri, contra nós.

"O júri odiava-nos pelo fato de sermos contra a guerra e não sabe que há uma grande diferença entre um homem que é contra a guerra por acreditar que a guerra seja injusta, por não odiar nenhum país, e um homem que é contra a guerra por ser a favor do outro país contra o qual luta o país onde ele vive, caso em que esse homem seria, por conseguinte, um espião. Não somos homens desse tipo. O promotor sabia que éramos contra a guerra pelo fato de não acreditarmos no propósito que eles diziam ser a causa da guerra. Nós acreditamos que a guerra é uma coisa errada e, agora, dez anos depois da guerra, acreditamos mais ainda, por compreendermos melhor, dia-a-dia, as conseqüências e o resultado da guerra. Agora acreditamos ainda mais do que antes que a guerra é uma coisa errada, e fico contente por estar no cadafalso dos desesperados se puder dizer à humanidade: 'Cuidado! Vocês estão atirando a humanidade num precipício. E em nome de quê? Tudo o que lhes disseram, tudo o que lhes prometeram, tudo era uma mentira, uma ilusão, um embuste, uma fraude, um crime. Prometeram-lhes liberdade. Onde está a liberdade? Prometeram-lhes prosperidade. Onde está a prosperidade? Prometeram-lhes a honra. Onde está a honra?'

"Desde o dia em que fui para a prisão de Charlestown, sua população dobrou. Onde é que está o bem moral que a guerra ia dar ao mundo? Onde está o progresso espiritual que ganhamos com a guerra? Onde está a segurança da vida, a segurança das coisas que possuímos para nossa necessidade? Onde está o respeito pela vida humana? Onde estão o respeito e a admiração pelas boas características e pelo bem da natureza humana? Nunca houve, antes da guerra, tanto crime, tanta corrupção, tantas depravações quanto agora."

O homem que estava de pé, no tribunal, o homem do sonho do juiz, faz nova pausa. Ele falava um tanto confusamente, num idioma que não era o seu, e assim argumentava; e o juiz contorcia-se e soltava queixumes no seu sono. Mas era obrigado a escutar, de novo – e de novo, para sempre.

– Foi dito – prosseguiu Vanzetti, falando agora com a voz de um juiz e não de um homem condenado – que a defesa levantou todos os obstáculos possíveis ao bom andamento deste processo a fim de adiá-lo e de retardá-lo ainda mais. Se levarmos em conta que a acusação, o Estado, gastou um ano inteiro para nos acusar, isso significa que um dos cinco anos que o processo durou até agora foi tomado pela acusação para iniciar o julgamento, nosso primeiro julgamento. Depois, a defesa fez um apelo e o tribunal esperou, fazendo-nos perder mais tempo. Parece que tinham decidido que, quando o julgamento terminasse, recusariam qualquer apelo que fizéssemos. Esperaram um mês ou um mês e meio, só nos dando a decisão na noite de Natal, exatamente na noite de Natal! Nós não acreditamos na fábula da noite do Natal, não acreditamos no sentido dado pela história ou pela Igreja. Vocês sabem que parte da nossa gente ainda acredita nisso, e como nós não acreditamos, pensam que não somos humanos. Somos humanos, sim, e o Natal é doce no coração de todos os homens. Nós pensamos que só nos deram sua decisão na noite de Natal para envenenar o coração de nossas famílias e dos nossos queridos amigos.

Agora, no sonho do juiz, a voz de Vanzetti elevou-se, feroz, terrível e queimando o homem adormecido como um ferro quente.

— Eis o que digo: eu não desejaria para um cachorro ou para uma víbora, para a mais baixa e mais infeliz criatura da Terra, eu não desejaria para qualquer criatura tudo o que tive de sofrer por coisas de que não sou culpado. Mas minha convicção é que sofri por coisas de que fui culpado. Estou sofrendo porque sou um radical e, de fato, sou radical; estou sofrendo porque sou italiano e, de fato, sou italiano; sofri mais por minha crença do que por mim próprio; mas estou tão convencido de que tenho razão ao dizer que, se vocês me pudessem executar duas vezes, e se eu pudesse renascer outras duas vezes, eu viveria de novo para fazer outra vez o que já fiz.

"Já falei muito de mim e quase me esqueci de falar de Sacco. Ele também é um trabalhador desde a infância, um trabalhador especializado, um amante do trabalho, com um bom trabalho e um bom ganho, um homem que tem conta no banco, uma boa e bela esposa, dois encantadores filhos e uma pequena e simpática casa perto de um bosque e de um riacho. Sacco é um coração, uma fé, um caráter, um homem; é um amante da natureza e da humanidade. Um homem que deu tudo, que sacrificou tudo pela causa da liberdade e do seu amor pela humanidade: dinheiro, descanso, ambições mundanas, sua própria esposa, seus filhos, ele próprio e sua vida. Sacco jamais sonhou em roubar ou assassinar. Nós, ele e eu, nunca levamos um pedaço de pão a nossas bocas, desde a infância até hoje, que não fosse ganho com o suor do nosso rosto.

"Oh, sim! Eu falo melhor do que ele, mas muitas, muitas vezes, ao escutar sua voz sincera, evocando uma sublime fé, ao considerar seu supremo sacrifício, recordando seu heroísmo, senti-me pequeno... pequeno na presença dessa grandeza, e vi-me compelido a afastar as lágrimas dos olhos e a dominar meu trêmulo coração para não começar a chorar diante dele, diante desse homem chamado de ladrão, assassino e perdido. Mas o nome de Sacco viverá nos corações do povo e na sua gratidão quando o promotor e seus ossos forem espalhados pelo tempo, quando seu nome, meritíssimo, suas leis, instituições e seu falso deus não forem mais do que uma *vaga recordação de um passado maldito no qual o homem era o lobo do homem...*"

Com essas palavras, Vanzetti calou-se. O impacto de sua última frase foi como um martelo batido no centro do silencioso tribunal. Então, Vanzetti olhou diretamente para o juiz, e seus olhos são uma imensa e assustadora parte do atual pesadelo do juiz.

— Terminei – disse Vanzetti. – Muito obrigado.

O juiz bateu de repente seu martelo, mas não havia desordem, não havia qualquer ruído para ele fazer calar. Assim, largou o martelo e viu que sua mão tremia. Dominou-se, e forçando a voz a parecer firme disse:

— De acordo com a lei do estado de Massachusetts, o júri diz se um réu é culpado ou inocente. O tribunal nada tem a ver com essa questão. A lei não permite a um juiz lidar, seja de que forma for, com os fatos. Tudo o que pode fazer, de acordo com nossa lei, é declarar os fatos.

"Durante este julgamento, levantaram-se muitas questões de ordem. Elas foram apresentadas ao Supremo Tribunal de Justiça. Depois de ter examinado todas as questões, esse tribunal, nas suas palavras finais, declarou: 'O veredicto do júri deve ser mantido.' Assim só existe uma coisa que este tribunal pode fazer. Não se trata de uma questão de ordem ou de opinião. Trata-se de uma questão de exigência legal e, dessa forma, este tribunal tem apenas um dever: proferir as sentenças.

"Primeiramente, o tribunal profere a sentença referente a Nicola Sacco. É considerado e ordenado pelo tribunal que Nicola Sacco sofrerá a pena de morte pela passagem de uma corrente elétrica pelo seu corpo dentro do prazo de uma semana, a partir de 10 de julho, começando nesse domingo, no ano de Nosso Senhor de 1927. Essa foi a sentença da Lei.

"É considerado e ordenado pelo tribunal que Bartolomeo Vanzetti...

Vanzetti levantou-se de um salto e gritou:

— Um momento, por favor, meritíssimo. Posso falar um minuto com meu advogado?

— Penso que devo proferir a sentença – prosseguiu o juiz. – Bartolomeo Vanzetti sofrerá a pena de morte...

Sacco interrompeu-o, nesse momento, com um súbito e lancinante grito:

— O senhor sabe que sou inocente! Estas são as mesmas palavras que pronunciei há sete anos! Está condenando dois homens inocentes!

Mas o juiz recuperara a coragem e continuou, falando calmamente:

– ... pela passagem de uma corrente elétrica pelo seu corpo dentro do prazo de uma semana, a partir de 10 de julho, começando nesse domingo, no ano de Nosso Senhor de 1927. Essa foi a sentença da lei.

E acrescentou:

– Agora teremos um recesso.

E hoje, no fim da tarde de 22 de agosto, o dia finalmente marcado para a execução, após vários adiamentos, o juiz acordou na sua cadeira de vime com estas palavras ainda ecoando em seus ouvidos: *Agora teremos um recesso*. Acordou e compreendeu que alguém o chamava para o jantar. Na verdade, era notável como estava tão pouco perturbado. Subitamente, sentiu grande apetite e compreendeu que o dia estava quase terminado. E quando terminasse, aquele caso ficaria solucionado e para sempre seria esquecido rapidamente. Pelo menos, podia consolar-se com esse pensamento.

14

As mais longas e solitárias peregrinações também terminaram e naquele dia o professor de Direito Criminal tinha dado a volta ao mundo e regressado. Nos mais longínquos rincões vislumbrara durante breves momentos os mais profundos segredos da vida e o que encontrara era amargo e perturbador. Esquecera-se de sua casa e dos filhos Quando se sentou para comer, o alimento parecia-lhe áspero e sem gosto. Almoçou com o advogado de defesa, que viera à cidade para trocar mais algumas palavras com os dois condenados. Esse advogado afastara-se do caso, na esperança de que novos advogados pudessem influenciar o governador, mas retornara a Boston para falar uma vez mais com Bartolomeo Vanzetti. O advogado de defesa pedira ao professor que o acompanhasse ao corredor da morte da prisão estadual.

— Tenho medo — disse o professor, cumprimentando seu sombrio companheiro. O medo perseguira-o durante todo o dia e, agora, era como se caminhasse a seu lado. — Eu jamais poderia encarar Vanzetti.

— Por quê? Não foi você quem o condenou.

— Não? Já não estou tão certo disso. Lembra-se da declaração que Vanzetti fez no dia 9 de abril, depois de o juiz ter proferido a sentença?

O advogado fez que sim e o professor acrescentou, falando um tanto constrangido:

— Gostaria de citar-lhe essa declaração. Decorei-a e tenho andado com ela, desde esse dia, como se fosse uma pedra amarrada ao coração. Não quero parecer melodramático, mas esta manhã enfrentei o presidente de uma grande universidade, você sabe a quem me refiro, e vi, mais tarde, um operário negro, terrivelmente espancado só por ter tomado parte na passeata em frente do parlamento, e isso e outras coisas perturbaram-me muito. Preciso ver a situação claramente. Há já muito tempo que me pergunto o que Vanzetti quis dizer quando falou: "Se não tivesse sido por estas coisas, eu talvez tivesse passado o resto da vida falando nas esquinas para homens desdenhosos. Poderia ter morrido sem quaisquer marcas, desconhecido, um fracasso. Agora não somos um fracasso. Isto é a nossa trajetória e o nosso triunfo. Nunca, em toda a nossa vida, poderíamos ter esperado fazer um tal trabalho em nome da tolerância, da justiça, da compreensão do homem pelo homem, como agora fazemos, por acaso. Nossas palavras, nossas vidas, nossas dores: nada! A usurpação de nossas vidas, as vidas de um bom sapateiro e de um pobre peixeiro! Tudo! O último momento pertence a nós... a agonia é nosso triunfo."

"Que estranhas e chocantes palavras! E quantas vezes me perguntei qual seu significado exato! Não estou certo de tê-las compreendido. Dois homens vão morrer e, desde agora até o fim, não levantarei minha mão para impedi-lo."

– Não poderia impedir, meu amigo – retrucou o advogado. – Você deve compreender que nenhum de nós dois pode fazer coisa alguma!

– Será esse todo o fruto que nós provamos? – perguntou o professor. – Seu suco é amargo, então. Sou um simples judeu e nem mesmo nasci neste país, mas ninguém me arrasta para uma delegacia de polícia e me bate até eu ficar coberto de sangue. E, no entanto, tudo o que aquele pobre negro fez foi participar da passeata. Eu fiz coisa pior. Insultei um homem da velha estirpe desta terra e praticamente disse que ele era um mentiroso e que tinha as mãos manchadas de sangue, mas não fui castigado por isso. Vejo de repente que o castigo é reservado para os oprimidos, como Vanzetti os chamou, e nós sorrimos diante dessa palavra, diante do sabor antigo do termo, mas estamos enviando esses dois homens para a morte pelo fato de serem radicais e não por qualquer outra razão. Os poderosos foram desafiados e, por causa desse desafio, um sapateiro e um peixeiro devem pagar com a vida. Se assim é, por que tal comoção, tal algazarra de vozes? Já houve tantos que morreram em silêncio e nem eu nem você levantamos a mão para procurar evitar que isso acontecesse. Agora, na verdade, tentamos acalmar nossas consciências, mas dentro de um mês estaremos de novo vivendo confortavelmente entre os ricos e os poderosos. Eu pagarei o pequeno preço de ser despedido da universidade, mas com os meus clientes particulares ganharei duas vezes mais dinheiro... e meus clientes serão aqueles que assassinaram Sacco e Vanzetti. Contudo, procuro dizer que minhas mãos estão limpas...

O advogado que o escutava era um homem de meia-idade, um ianque honesto e íntegro, que aceitara o caso não por dinheiro ou por fama, mas sim porque fora movido por sua implacável consciência e, agora, apesar desse tipo de explosão deixá-lo confuso, escutava respeitosa e pensativamente.

— Eu nunca aceitei as opiniões deles — disse. — Sou um homem conservador e nunca o escondi. Mas não sacio meu apetite com o cheiro de sangue. Eles estão sendo assassinados e me sinto envergonhado por saber que isso pode acontecer. Mas é possível que, de alguma forma, ainda haja esperança. Venha comigo até a prisão...

Com essas palavras e mais alguns argumentos, o professor concordou, finalmente, e os dois homens caminharam naquela tarde de verão, passando pelo parlamento, onde as fileiras da manifestação ainda se moviam. Ao aproximarem-se dos manifestantes, foram cumprimentados por muitos e essas saudações estavam repletas de tristeza. Uma jovem alta, poeta, cujo nome e versos eram conhecidos no mundo inteiro, segurou a mão do advogado de defesa.

— O senhor fará alguma coisa, não fará? Não é tarde demais?

— Farei tudo o que puder, minha cara.

Seis mulheres, caminhando juntas, duas a duas, soluçando, carregavam cartazes que diziam: "Somos operárias da indústria têxtil de Fall River, Massachusetts. Deus proteja os poderosos da Nova Inglaterra, se Sacco e Vanzetti morrerem." No meio-fio, um senhor de cabelos brancos dava a mão a um garoto, seu neto, com certeza, e falava-lhe em voz baixa, explicando as coisas e apontando. Todavia, quando a criança começou a chorar, o velho disse apressadamente: "Não, não, chorar de nada adianta."

— Não nos podemos demorar – disse o advogado, quase arrastando o professor. – Tenho este encontro e não posso chegar atrasado.

— Não, esta noite não podemos nos atrasar. Sabe uma coisa? Jamais houve algo como isto! Por quê? Por quê? Não creio que, mesmo quando Jesus Cristo carregou sua pesada cruz para o Seu destino, houvesse tanta dor! O que morrerá em nós quando esses dois homens morrerem?

— Não sei – respondeu o advogado, falando sombriamente.

— Esperança, talvez?
— Não sei. Quer que pergunte a Vanzetti?
— Seria cruel demais.
— Não. Não penso que fosse cruel.

Os dois advogados pararam um táxi e disseram ao motorista que os levasse à prisão de Charlestown. Falando num tom o mais normal possível, o advogado disse ao professor:

— Ali, uma quadra ou duas à nossa direita, está Winthrop Square e, depois, Austin Street, Lawrence Street, Rutherford Avenue, a persistência de nomes, como se quisessem recordar-nos todos esses homens. A esquina das ruas Warren e Henley... gostaria muito de saber se é o mesmo Warren. Lembra-se dele? "Receais aqueles que matam por dinheiro? Vós que para vossas casas vos retireis... olhai para trás, vossa casa está em fogo!" Será que citei corretamente? Creio que já passaram uns trinta ou quarenta anos desde que vi essa peça. E, ali, o monumento...

Só em parte a atenção do professor escutava as palavras do outro. Suas emoções e seus pensamentos estavam dominados pelo sereno fim da tarde, pela beleza difusa das nuvens, atuando como prismas para a luz que vinha do sol, pelos barcos na água e pelos muitos sons e aromas, o aroma do ar do verão, misturado com um pouco de fumaça longínqua de locomotivas, os sons dos apitos dos trens e dos navios e a passagem, misericordiosamente livre, dos pássaros pelo céu. Tudo isso era tão belo que criava um cenário no qual a morte era impossível e vil. Assim, de momento, o professor perdera contato com a realidade para onde estavam indo. Voltou a si, por assim dizer, ao ouvir o comentário do advogado, que falava de monumentos:

— Você teria visto o monumento por um momento, há pouco, mas no lugar errado. Não é verdade? Eu sempre tive a impressão de que o monumento se encontra em Bunker Hill, mas a batalha foi travada em Breed's Hill. Foi aí que eles cavaram as trincheiras e se meteram nelas, pobres fazendeiros e trabalhadores enfrentando os melhores regimentos da Europa...

— Homens como Vanzetti?

— Isso não me preocupa. Não, não me preocupa mesmo. O passado está morto. Não sei como eles eram, ninguém sabe mais, imagino. Uma coisa eu sei: não eram homens sozinhos, como Sacco e Vanzetti...

— Sozinhos? Mas eles não estão sozinhos, não... – O professor sorriu um pouco pela primeira vez em horas. – Eles não estão sozinhos.

— Sei o que está querendo dizer, mas eu me referia a algo diferente. Você estava falando dos milhões que choram por eles. Mas eu descobri que um oceano de lágrimas não move a menor pedra. Um quarto de milhão assina um abaixo-assinado. E que diferença isso faz?

— Não sei – respondeu o professor.

— Pois eis a resposta. Ali em cima, em Bunker Hill, eles tinham suas armas nas mãos. Assinaram sua declaração a ferro e fogo!

— Não acha que tenham chorado quando enforcaram Nathan Hale?

— Estou-me sentindo como um colegial – disse o advogado, falando consigo mesmo, em pensamento. – Tenho comigo este judeu... os judeus parecem reconhecer sempre o sofrimento ou talvez se trate de um cheiro desagradável que o sofrimento deixa no ar... procurando encontrar a consolação em algum lugar. Mas o passado está morto. Este judeu está procurando no passado, mas Sacco e Vanzetti morrem num mundo que eles nunca fizeram. Viemos como observadores, mas que outra coisa podemos fazer?

— Ali está a prisão – disse o professor.

Aquele fim de tarde era lindo, mas o professor estava cheio de temores, e essa grandiosa beleza do mundo, coberta por uma luz brilhante, como numa pintura de George Innes, só fazia com que esses temores se tornassem mais reais. Deveria ter havido trovões e relâmpagos em vez disso, mas o mundo, como uma dama de infinita vaidade, vestira-se com uma perfeição total. Chegaram aos sombrios muros octagonais da prisão e pela primeira vez o professor teve um vislumbre de outra realidade e compreendeu, então, o profundo significado da dramática advertência de John Donne: "(...) nunca mandes alguém descobrir por quem os sinos dobram; eles dobram por ti." O professor sentia que caminhava para sua própria morte, pois estava ligado aos condenados, sua alma estava presa à deles, sua memória era a mesma, suas necessidades, também; e embora em anos futuros talvez esquecesse aquela noite e como eles haviam morrido, pois o tempo faz estranhas coisas, ele teria sempre uma recordação quando visse uma luz dourada sobre uma paisagem ou sentisse a sombra fria do anjo da morte passar por ele.

O diretor recebeu-os com a atitude profissional do encarregado de uma agência funerária e, dentro da prisão, a boa luz dourada do dia terminou. Os três homens caminharam pela cripta e pelas catacumbas, em direção ao corredor da morte.

– Acho que compreenderão que não gostamos de dias assim – falou o diretor. – Esses dias são muito ruins para uma prisão. A população da prisão morre um pouco com os condenados, e isso não é tão literário quanto possa parecer. Existem pequenos fios que unem as pessoas quando vivem numa cadeia.

– E como... como estão eles?

– Bem – respondeu o diretor. – Nas circunstâncias, é claro, mas como poderia alguém estar verdadeiramente bem no fim? São dois homens muito valentes, podem acreditar no que digo.

O professor achou estranho esse comentário, partindo de um diretor de prisão, e olhou para ele, curioso. O outro advogado cobrira-se com suas próprias defesas e seus lentos passos acompanhavam suas recordações do caso, um jogo, de início, da maneira como qualquer caso legal complexo é um jogo, um quebra-cabeça, um problema e um desafio – e, depois, finalmente, virou o foco de sua vida. Bem, já conseguira libertar-se dele. Em última análise, pessoas como Sacco e Vanzetti acabavam sempre tendo um fim violento, fosse de que tipo fosse. Desafiavam os grandes chefes e erguiam-se para despedaçar imagens. Todos os outros crimes podiam ser perdoados, mas o dono e senhor não podia perdoar quem lançasse dúvidas sobre sua altivez e autoridade. Isso era inevitável. Assim, por que razão o mundo protestava tanto?

Esses pensamentos foram atropelados pela informação do diretor, que lhes tornava bem claro que adentrar por aquele corredor, num dia como aquele, não era um privilégio menor concedido pelo estado de Massachusetts. Poucas pessoas o faziam e talvez mais ninguém exceto esses dois homens.

– Sabe de uma coisa? – perguntou o professor, ele mesmo bastante admirado. – Não os conhecia. Vou vê-los pela primeira vez.

– Verificará que são dois homens muito simples – respondeu o diretor, falando defensivamente.

– Sim, sei disso. Mas para mim, devo dizer-lhe, eles têm uma qualidade lendária.

– Compreendo perfeitamente que pense assim – disse o advogado de defesa.

Quando entraram no corredor, o diretor explicou:

– Só há três celas nesta ala, e, como sabe, as três estão ocupadas. Isto é uma situação fora do comum para nós, já que os três homens devem morrer esta noite. A não ser, é claro, que haja adiamento da execução. Acha que haverá? – perguntou o diretor ao advogado.

– Espero que sim.

– Eu lhes disse que deviam ter esperança, mas não imagino que essa esperança possa ser grande – explicou o diretor. – Geralmente, quando as coisas chegam a esse ponto, já não há perdão. Como podem ver... não irei com os senhores; não entro ali, a não ser que se torne absolutamente necessário... as três celas encontram-se uma ao lado da outra e, depois, há uma passagem para a sala onde está instalada a cadeira elétrica. Ninguém pensaria que há um protocolo a seguir em tais atos, mas se é preciso fazer coisas desagradáveis, então, pelo menos, devemos fazê-las sistematicamente. Se mais de um homem vai morrer, eles são colocados nas celas mais próximas da cadeira elétrica, na ordem em que serão executados. Foi decidido que, caso a execução tenha lugar esta noite, Madeiros irá primeiro, Sacco em seguida e, finalmente, Vanzetti. Os senhores os encontrarão nas celas, nessa ordem. Por favor, não falem com ninguém, a não ser Sacco ou Vanzetti. A autorização foi pedida e concedida para Sacco e Vanzetti. Terei de confiar nos senhores e peço-lhes que cumpram a palavra.

De início, o professor de Direito Criminal escutara essas palavras com um gélido horror, pois não parecia concebível que homens falassem de tais coisas tão fria e calmamente, com as palavras que usavam sobre os próximos acontecimentos. Parecera-lhe que tais assuntos, essa absurda e terrível eliminação de vidas humanas, eram de uma natureza tão vil que não deviam nem ser discutidos ou mencionados. De início, essa fora sua reação, mas não tardou a compreender que, se tais coisas ocorriam, teria de haver palavras para descrevê-las, e que os homens que tomavam parte em tais ações deveriam usar essas palavras por falta de outras. O mundo não era monstruoso secretamente, com uma linguagem em código para descrever suas condições; o que era monstruoso era abertamente monstruoso e, assim, a linguagem comum adaptava-se calmamente a tais ocorrências. E isso não se limitava à linguagem; os homens também se adaptavam a essas ocorrências, tal como ele e seu companheiro e colega, ambos homens honrados, haviam se adaptado a este horroroso mundo de muros de granito e de barras de ferro, caminhando calmamente por aqueles corredores em direção à ala construída por uma única razão – eliminar vidas legalmente. E para tanto, esta civilização, cristã e democrática, inventara uma cadeira de metal e madeira, na qual um homem podia ser amarrado e mantido imóvel, enquanto uma tremenda carga de corrente elétrica lhe sacudia o corpo. Apesar disso, contudo, nem ele nem seu companheiro gritavam de horror ou de dor; ao contrário – comportavam-se serena e equilibradamente, com seu amigo dizendo:

– Pode ficar tranqüilo, senhor diretor. Observarei as regras escrupulosamente.

Em seguida, o diretor deixou-os e um guarda conduziu-os ao corredor da morte. Passaram pelas duas primeiras celas e o professor olhou com curiosidade para dentro de cada uma delas – pois um homem é sempre curioso, da mesma forma sempre tem de respirar e dormir. Primeiramente, viu Madeiros, que estava em pé no centro de sua cela, imóvel, um ladrão e assassino esperando a morte, que se encontrava a poucas horas de distância. Depois, a cela de Sacco. Este estava deitado na cama, estendido de costas, de olhos abertos e fixos no teto. Em seguida, alcançaram a cela de Vanzetti, e ele esperava-os. Estava em pé junto à porta da cela. Sorriu-lhes e cumprimentou-os calorosa e delicadamente – com uma calma que era mais terrível, para o professor, do que qualquer outra coisa que tivesse acontecido naquele dia fatídico.

O guarda apontou para duas cadeiras de madeira que se encontravam a pouca distância da porta da cela.

– Façam o favor de se sentar nestas cadeiras – disse.

Os dois homens sentaram-se, mas o professor notou que, virando um pouco a cabeça, via a câmara de execução e um canto da própria cadeira elétrica. E por mais que procurasse desviar o olhar, seus olhos eram atraídos para essa terrível cadeira.

Sentiu-se totalmente atraído por ela. A cadeira elétrica fixava-o e dominava-o de tal maneira que ele ouvia sem escutar e, mais tarde, nem mesmo conseguiu recordar os pormenores do início da conversa, lembrando-se apenas de que dizia respeito a libertar todos os advogados do privilégio do silêncio, do segredo profissional, para que nenhum deles pudesse dizer que reservava para si próprio qualquer segredo do caso Sacco–Vanzetti. Tudo seria revelado e conhecido por todos os homens. O professor lembrava desse tema geral, nada mais; estava dominado e obcecado pelo instrumento da morte e pelas razões da sua existência e a de outros seus semelhantes. Quando, afinal, era tão simples abrir uma veia ou beber uma taça de veneno, como fizera Sócrates, por que razão tinha o homem de inventar eternamente máquinas de morte: a guilhotina, a forca automática, a câmara de gás, a cadeira elétrica?

— Em toda a minha vida, que me lembre, meu amigo, não acredito que tenha cometido qualquer crime de que um homem possa se envergonhar ou mesmo uma pequena ação que merecesse censura – dizia Vanzetti. – E não é por ser melhor do que os outros, mas por ser um homem simples e pelo fato de isso ser o que acontece com os homens simples. Por isso, o senhor não precisará se preocupar com a minha inocência. Eu sou inocente.

Agora, as palavras do advogado voltavam à memória do professor. Apresentara as coisas mais ou menos desta maneira: embora estivesse convencido da inocência de Sacco e Vanzetti, ele desejava agora, nos momentos finais, uma declaração nesse sentido, de forma a poder refutar completamente aqueles que destruíam dois homens inocentes.

— Oh! A horrorosa, a maldita e cruel intenção de tal pergunta! – pensava o professor.

Vanzetti, porém, respondera-lhe tão gentil e amavelmente como se essa conversa filosófica tivesse lugar diante do tépido coração de um homem com décadas de vida pela frente.

Foi com olhos curiosos, embora tristes, que o professor observou Bartolomeo Vanzetti: a testa alta, majestosa e orgulhosa, as finas sobrancelhas, os profundos olhos, o longo nariz, reto, o espesso bigode e pouco visível, debaixo dele, a larga boca e o queixo de forma tão delicada.

Que homem tão perfeito!, pensou o professor. Que esplendor na sua presença e nas suas feições! Parece um rei, mas seu orgulho é simples, sem superioridade fingida. Que formará um homem assim? De onde veio ele, aqui diante de nós com tanta dignidade e, ao mesmo tempo, aguardando a morte?

E como se respondesse a seus pensamentos, Vanzetti dirigiu-se a ele dizendo que tinha muito prazer em conhecê-lo e agradecendo o que fizera por ele.

— Eu nada fiz...

— Nada, não! Fez muito. Sempre que penso que homens como o senhor se juntaram a mim e a Sacco, meu coração transborda de alegria. Acredite no que digo.

— Acredite – repetiu, dirigindo-se agora ao advogado –, gostaria de poder manifestar melhor minha gratidão pelo que todos fizeram por mim. O senhor quer que eu ainda tenha esperanças, mas sei que não devo tê-las. Sacco também sabe. Esta noite, nós morreremos. Tenho medo de morrer, é claro, mas também estou preparado para morrer. Não uma vez, mas mil vezes... Sacco e eu já morremos mil vezes. Sim, estamos preparados. Morreremos pela causa da humanidade, para acabar de uma vez com a opressão do homem pelo homem. Estou triste, pois nunca mais verei minha irmã, minha família ou todos aqueles que amo, mas não sinto apenas tristeza. Também me sinto triunfante, pois os homens recordarão o que sofremos e lutarão melhor por um mundo justo.

– Gostaria de poder acreditar no que você acredita, Bartolomeo – disse o advogado.

– Por que razão acreditaria o senhor? Como poderia acreditar? O senhor está falando com Vanzetti, que espera a morte. O homem está acabado, mas será que aquilo de que o homem foi feito também está acabado? Hoje sou um homem consciente de sua classe, mas não nasci desta maneira. Nasci como o senhor e, depois, quando cresci e me transformei num homem, pouco aprendi. Durante os anos que vivi na América, trabalhei com três homens e nunca tive nada. Mas no meu coração aconteceu um grande amor por todos aqueles que trabalhavam a meu lado. Deixei de ser apenas italiano. Comecei a pensar que aquela era a minha gente. Depois, trabalhei com tijolos em Connecticut, em seguida, numa pedreira em Meriden. Foram dois anos, durante os quais trabalhei duramente com a pá e a picareta nessa pedreira. Foi quando aprendi o dialeto da Toscana, pois havia muitos toscanos trabalhando lá, mas o patrão odiava-nos, fosse qual fosse a língua que falássemos. "Trabalhem, trabalhem, malditos italianos!" Sim, era o que ele vivia dizendo. Certo dia, um americano, a meu lado, disse-me: "Olá, Barto, há duas línguas, uma para o patrão e outra para você e para mim." E esse americano sorriu para mim e todo o meu coração foi para ele. Assim, aprendi que a consciência de classes não é uma frase inventada pelos propagandistas, mas uma força vital real. Vem de dentro da gente e eu, com essa força, deixei de ser um animal, uma besta de carga, e transformei-me em um ser humano.

O americano falava, dizendo: "Olhe para suas mãos, Barto. O mundo é feito com suas mãos, mas há sempre outros para ficarem com ele." Mas não compreendi imediatamente aquele americano, e sim aos poucos, devagar. Hoje, vão matar-me pelo fato de compreender que os homens, algum dia, viverão como irmãos... Bem, não sou o único que deve morrer por causa dessa compreensão. Mas o senhor está fora de tudo isso, meu amigo. Por que razão acreditaria naquilo que acredito? Sou um operário, sempre o serei.

– Não estou contra você – explicou o advogado. – Bartolomeo, é preciso que compreenda que não estou contra você. Mas não vejo qualquer solução para toda essa angústia e esse ódio.

– O senhor não quer que eu seja amargo – disse Vanzetti. – Deveria meu coração estar repleto de amor pelo inimigo que me leva para a morte?

– Depois disso, pode haver violência e ódio, com mortos amontoados sobre mortos. É o que você quer, Bartolomeo?

– Alguma vez desejei isso? – perguntou Vanzetti, sorrindo um pouco. – Fomos levados para aquele tribunal e o juiz disse que éramos homens violentos. O promotor também disse ao júri: "Esses homens são ruins, terríveis, violentos." Mas onde está a violência que Sacco e eu tenhamos cometido com nossas mãos? Teríamos nós, alguma vez, feito mal a alguém? Será violência ir ao encontro de nossos irmãos, que são operários, e dirigir-lhes palavras de incentivo? Não... violência é o que fizeram comigo. Durante sete anos fechado numa prisão, torturado, tratado como um animal... sete longos anos num calabouço. Isso, sim, é que é violência. Nunca houve violência mais terrível cometida contra um ser humano do que aquela que foi cometida contra o delicado Sacco e contra mim. Fomos acusados de crimes num lugar aonde nunca fomos nem vimos com nossos próprios olhos. Depois, fomos julgados, amaldiçoados e difamados. Ficamos anos e anos fechados na cela de uma prisão. Isso, sim, é violência. Para cada ser humano, uma morte é suficiente, mas Sacco e eu tivemos de sofrer mil mortes, e isso ainda não é o suficiente. Dia após dia, tivemos de morrer uma vez mais. O senhor é um homem bom e um amigo, mas como pode vir aqui me prevenir quanto à violência?

O advogado falou de novo, com voz trêmula e abalada pela primeira vez:

— Bartolomeo, você se volta contra mim? Serei o culpado dessas coisas? Não me empenhei em obter sua liberdade e em provar uma inocência que eu sabia existir?

— Não, não me volto contra o senhor. Eu nunca me volto contra um amigo ou um companheiro. O senhor sabe disso perfeitamente. Mas por que razão essa terrível pecha de violentos nos segue até aqui, à beira da morte? Acha que quero morrer? Vou dizer-lhe uma coisa. Um repórter de um jornal trabalhista veio visitar-me, um bom homem, em quem confio do fundo do meu coração, e eu lhe implorei que me trouxesse um revólver, para que não me tirassem desta cela como se fosse uma ovelha, para que eu pudesse lutar e morrer lutando com dignidade humana em vez de ser conduzido para o matadouro como gado. Mas ele não voltou, talvez por não lhe permitirem, talvez por não desejar fazê-lo, e esse foi o único ato de violência em que pensei em toda a minha vida. Mas estou sempre escutando o grito de violência do rico e nobre cidadão, que diz: "Eles precisam morrer por terem sido violentos contra mim!" Cristo também tinha de morrer porque causava violência. Galileo tinha de morrer, também por causa da violência. Giordano Bruno também... E Lenin comete violências e nega o que é legal e direito. Mas pergunto agora se é legal e direito... matar Sacco e Vanzetti!

– Eu alguma vez falei isso, Bartolomeo? A última palavra ainda não foi dita quanto ao justo e ao errado. Acredito num Deus Todo-Poderoso, que pesa tais assuntos na Sua própria balança e nunca aceitarei a decisão de que não há outro apelo além do governador em Massachusetts.

A voz de Vanzetti baixou de tom, tornando-se surda e repleta de solidão.

– O senhor acredita nisso? – perguntou. – Não é minha convicção. Pergunto-me muitas vezes por que razão tantos homens bons não acreditam no seu Deus no dia do julgamento final? E aqueles que acreditam receiam a morte da mesma maneira!

– Contudo – disse o advogado –, acredito firme e inabalavelmente na existência de uma vida depois desta.

O professor de Direito Criminal olhou para o companheiro. Não havia qualquer tom de dúvida na voz do advogado, não havia qualquer dúvida na forma como olhava agora para Vanzetti. Era um homem honesto, tendo na sua personalidade um orgulho inabalável. Lutara durante todas as últimas fases do processo, mas não ficara abalado. Sua firme crença estava em si, nos seus amigos, na sua casta e na sua classe, na sua filosofia pessoal, na fortuna e no dinheiro no banco... e agora declarava sua crença na vida eterna. De certa forma, o professor invejava o advogado, pois ele não tinha qualquer fé que não estivesse abalada esta noite, nem conseguia proteger-se com o orgulho ou a segurança. Porém, quando desviou seus olhos do advogado para Bartolomeo Vanzetti, viu que um não estava menos seguro do que o outro. Até nas suas últimas palavras, a voz de Vanzetti não tremera nem vacilara. Continuava a manter a calma e os planos esculturais e os ângulos de sua nobre cabeça ainda refletiam uma quase indescritível serenidade. Fora essa serenidade que durante todo aquele encontro assaltara a memória do professor, agitando-a e procurando fazer com que despertasse algo de há muito adormecido. Repetidas vezes, uma resposta a essa surpreendente serenidade começou a despontar na consciência do professor e as palavras quase lhe chegaram aos lábios; mas, vez após vez, a recordação recuava, inalcançável.

O professor desejava ardentemente poder dizer alguma coisa que oferecesse a Vanzetti algo diferente da que ele já recebera. O professor não tinha a certeza de que este não fosse o último contato dos dois homens com o mundo exterior e sentiu grande frustração pelo fato de tal contato ser limitado à conversa que acabavam de ter. Ele conhecia o suficiente da vida cotidiana, sabia como esta era sempre tão comum, demasiado comum para que palavras magníficas emergissem nos poucos minutos que lhes restavam; mesmo assim, continuava a pensar – também como parte daquela recordação tão pobremente perseguida que tocava, provocadoramente, a orla de sua consciência – que algumas importantes e esplêndidas frases pudessem surgir, trazendo nelas a substância da vida desses dois homens, assegurando-lhes a única imortalidade em que ele próprio tinha a certeza de acreditar.

Vanzetti ainda se preocupava com os pensamentos sobre a violência.

– Parece estranho – dizia – que o senhor me tenha advertido contra a violência. Estou aqui numa cela esperando que a morte me leve, mas o senhor apela contra a violência. Terei por acaso poderes mágicos para ordenar a violência? Eu não tenho tais poderes! A violência chega quando se coloca carga demais nas costas do povo. Que espécie de mundo fez o senhor? Um mundo sem violência? No julgamento, o promotor amaldiçoou-nos, a Sacco e a mim, por não termos querido lutar numa guerra em que vinte milhões de almas humanas foram destruídas. Contudo, Sacco e Vanzetti são acusados de violência. Seu mundo é todo violência. O senhor é meu amigo, e acredite, eu o estimo e agradeço o que fez por mim, mas também sei que é o seu mundo, não o meu mundo ou o mundo de Sacco. Algum dia ele será diferente, mas sem violência? Não sei. Cristo não foi crucificado uma só vez, mas vez após vez, sempre que vem ao mundo. Sacco escuta todas as palavras que eu digo e ele é um homem comum, que fala mal o inglês, mas ele é como o próprio Cristo no que se refere à pureza e bondade, e Sacco, dentro em pouco, terá de morrer...

O professor não se sentia capaz de ouvir por mais tempo. O mecanismo em seus ouvidos ainda funcionava, mas por um processo psicológico qualquer conseguia separar-se do significado dos sons. Agora só se preocupava com aquela lembrança que o atormentava, até que, finalmente, como uma pessoa em transe, voltou a si, compreendendo que a entrevista terminara. Apertou a mão de Vanzetti e ficou surpreendido ao verificar que a carne estava quente e que o aperto de mão fora firme – e, muito próximo dele, olhou para os olhos escuros do homem.

– Adeus e muito obrigado, meu amigo – disse Vanzetti, mas o professor não teve forças para falar senão quando já se encontrava fora dos muros da prisão, e o advogado lhe recordou, com certa surpresa, que ele ficara silencioso durante todo aquele encontro.

Mas agora o professor encontrara o que estivera procurando na sua memória e, finalmente, pôde voltar a falar:

— E quando escutamos isso, ficamos envergonhados e dominamos nossas lágrimas.

— Receio não tê-lo compreendido — disse o advogado, ele próprio esgotado e profundamente perturbado pelo que acabavam de passar.

— Não? Desculpe. Eu tentava lembrar-me de uma coisa e já me lembrei.

— Pareceu-me uma frase conhecida... — disse o advogado, falando distraidamente.

— Sim, não se lembra? "Até então a maioria conseguiu com dificuldade reprimir as lágrimas; mas quando o vimos beber e quando ele acabou de beber, não foi possível contê-las por mais tempo; e assim, mesmo contra minha vontade, as lágrimas vieram em torrentes, de maneira que, cobrindo meu rosto, chorei por mim mesmo, pois não chorava por ele, e sim por meu próprio destino, por perder um amigo..."

O advogado fez que sim pesadamente. Agora, os dois homens aguardavam o carro que o diretor prometera enviar para levá-los de volta para a cidade. As palavras do professor de Direito Criminal haviam incitado a memória do advogado e este pareceu lembrar:

— E que disse Sócrates depois? Lembra?

— "Ouvi dizer que é justo morrer com bons presságios. Fique calado, portanto, e agüente de cabeça erguida."

E notando que agora as lágrimas corriam pelo rosto do professor, e vendo como se curvava sob a noite que se formava, encolhido como um animal ferido, o advogado de defesa absteve-se de fazer mais perguntas ou de continuar conversando.

15

Vanzetti ficara parado junto à porta da cela, retido por seus pensamentos e pelo silencioso eco de tudo o que acabara de dizer; mas os dois outros condenados estavam deitados nas suas respectivas camas, ambos olhando para o teto, cada um procurando, com o olhar vazio, ver o horrendo mistério do futuro tão próximo.

Vanzetti tinha as mãos diante de si, com seus dedos apertando-se em volta das barras da abertura da porta da cela. Olhava para suas mãos, que eram ele, e tinha de novo no espírito a eterna pergunta de como seria quando toda a sua pessoa, todo o seu ser e consciência se tornassem nada, sem memória, sem despertar. O medo pairava sobre ele como um frio e irresistível vento do qual tentasse, em vão, proteger-se; agora, já não queria mais demora ou adiamento da execução; seu desespero era tal que, se um pensamento pudesse apressar sua morte, ele próprio teria desejado o fim, o término de sua vida. Mas o fato de pensar assim a respeito de si próprio levou-o a pensar em Sacco. Sabia que seu amigo estava sofrendo o mesmo que ele sofria. Seu coração sentiu grande piedade por Sacco e, então, chamou-o:

– Nicola, Nicola, está me ouvindo?

De olhos abertos, Sacco sonhava acordado, seus pensamentos viajavam para trás como um barco impulsionado por um mar de tristeza. Tudo se transformava no oposto; se ele recordava alegria cheia de risos, tudo se tornava, dentro dele, em infelicidade repleta de lágrimas. Procurava lembrar algo específico, mas no mesmo momento em que tal imagem se formava em seu espírito tratava de afastá-la imediatamente. Recordava as vezes em que, com sua mulher, Rosa, tomara parte nesta ou naquela peça teatral. Rosa era bonita e graciosa, cheia de talento, e ele sempre pensara que ela poderia ter sido uma grande atriz. Ele sempre soubera como Rosa era maravilhosa e jamais compreendera o mistério que a levara a casar-se com ele. Acreditara firmemente que ninguém o compreendia e que todos diziam a seu respeito: "Não se compreende que a bela Rosa tenha casado com Nick Sacco. Que terá visto nele?" Ao que, sem dúvida, alguém respondia: "É sempre assim: as mulheres feias casam-se com os homens mais atraentes, e os homens mais feios casam-se com as mais belas mulheres. É assim que a vida se equilibra. Se não fosse essa feliz medida da natureza, teríamos duas raças diferentes, separadas: os muito bonitos e os muito feios."

Seja como for, Rosa casara-se com ele. E toda noite ele repetia a essência do milagre para si mesmo, falando em termos tanto de compreensão quanto de gratidão.

– É a minha Rosa, que casou comigo – dizia –, do modo mais simples e evidente.

Repetia de novo aquela frase, mas agora era como se levasse uma facada, como se uma dor física ferisse seu já tão torturado coração. Quando conseguiu afastar essa dor, outra cena substituiu a anterior. Rosa e ele tinham dado um concerto, em sua própria casa, num arranjo da *Divina Comédia*. Tinham feito esse arranjo da maneira mais simples, mas o resultado fora um sucesso. Assim, por exemplo, Rosa dizia:

> Nem quando o pobre Ícaro sentiu correr a ardente cera,
> Deixando-o sem penas, e escutou seu pai chamando:
> "Cuidado! Cuidado! Está voando alto demais, meu filho!"

Sacco respondia:

> Então, senti-me, ao encontrar-me caindo no vazio,
> Sem outra coisa à minha volta, a não ser o ar, nada,
> Sem luz, sem visão, a não ser a visão do assustador monstro.

E, de novo, Sacco afastou esse pensamento, não compreendendo como seu espírito procurara e escolhera o fluente mel desses versos em italiano. A lembrança se tornou insuportável e ele se virou para baixo, escondendo o rosto entre as mãos, murmurando "Rosa, Rosa, Rosa...", e chorando até vencer aquele espasmo de dor e desespero; mas a memória regressou uma vez mais, oferecendo-lhe, desta vez, a lembrança de greves e passeatas, de lugares onde os operários se reuniam para pensar no que poderia fazer um punhado de pobres homens, sem sindicato e desunidos. Sacco procurava separar todas essas coisas na sua memória, a fim de guardar cada uma delas, mas houvera tantas greves, tantas passeatas, tantas ocasiões – os mecânicos em Hopedale, os operários da fábrica de sapatos em Milford, os trabalhadores da indústria têxtil em Lawrence, os homens e as mulheres das fábricas de papel. Via, de novo, o fim de cada pequena reunião, quando o chapéu era passado e uma coleta era feita. Era seu hábito, então, amarrotar uma nota de 5 dólares na palma da mão para que ninguém a pudesse ver ou saber quanto era, para que ninguém se sentisse envergonhado pelo fato de ter dado pouco – e deixar cair essa nota de 5 dólares dentro do chapéu.

Naquele tempo, ele ganhava de 16 a 22 dólares por dia, trabalhando horas extras como sapateiro especializado. Tratava-se de dinheiro demais para suas necessidades simples e Rosa costumava dizer: "Sim, sim, ajude-os, ajude-os. São seus bons companheiros." No entanto, apesar do bom ordenado, largara o emprego quando a guerra começara. Falara no assunto com Rosa durante toda uma noite, explicando-lhe que preferia morrer, entregar sua vida, matar-se a ter de empunhar uma arma e matar outro trabalhador, fosse ele alemão, húngaro, austríaco ou qualquer outra coisa.

Rosa compreendera. Uma das coisas que definira seu relacionamento desde o início fora a imediata e profunda compreensão que cada um deles tinha em relação aos problemas do outro. Muitas pessoas costumavam dizer: "Sacco é um homem simples e fácil. Nunca cria problemas." Talvez fosse verdade, mas isso o fazia sentir mais profundamente, não menos profundamente. Além disso, sua mulher, nesse sentido, também era muito simples e direta. Combinavam bem um com o outro. Sempre que via homens e mulheres que não se davam bem, que passavam o tempo discutindo, Sacco sentia uma grande piedade, da mesma forma como quando via um aleijado, um inválido. Conhecia homens que cometiam o adultério, mas isso, segundo sua maneira de pensar, só era possível por serem impulsionados pela mesma força que impulsionava os animais enraivecidos.

Bastava olhar para Rosa. Não que seu casamento fosse sempre um mar de tranquilidade. Muitas vezes zangavamse, discutiam, não se falando durante algum tempo, mas isso sempre passava, com tudo sendo dito, nada ficando escondido. Tratava-se de uma condição tanto de igualdade quanto de sinceridade, pois nenhum deles jamais excluía o outro, e para seus amigos eles pareciam sempre duas crianças apaixonadas e, ao mesmo tempo, ligadas por uma grande camaradagem.

Essa condição parecia ser, para Vanzetti, a coisa mais maravilhosa entre dois seres humanos que ele já vira – particularmente a maneira séria e direta com que Sacco tratava sua mulher. Certo dia, fora visitá-los, e encontrando a casa vazia – pois eles jamais fechavam a porta, sentindo que, se alguém precisasse das suas magras posses, poderiam levá-las sem que eles se preocupassem com isso –, sentara-se diante da casa para esperar seu regresso. Vanzetti ficara sentado a um canto formado pelos degraus e o muro, quase escondido na sombra, não podendo ser visto por Sacco e Rosa quando eles regressaram.

Acontece que naquela época Rosa esperava o primeiro filho e por essa razão eles caminhavam muito devagar. Mas, como ocorre com tantas mulheres, a gravidez lançara um brilho à sua volta, como se fosse uma luz espalhada por toda a sua pele. Rosa e Sacco vinham de mãos dadas, e enquanto caminhavam, olhavam um para o outro várias vezes, sorrindo. Tratava-se de um gesto tão simples e carinhoso que Vanzetti se sentiu inteiramente dominado; e, como disse depois, sentira o desejo de chorar diante da alegria que lhe causava tanta felicidade.

Sacco lembrava-se bem daquele dia. Eles tinham caminhado até um riacho, não muito longe, e ficaram sentados numa rocha com os pés dentro da água. Cantaram juntos a deliciosa canção que fora composta no propósito ridículo de celebrar a inauguração de uma estrada de ferro na Itália e, depois disso, conversaram sobre o nome que dariam ao filho que esperavam.

— Se for menino — disse ele, recomeçando sua preferida e interminável discussão —, será Antônio.

— Não. — Eles já tinham escolhido o nome Dante. — Por que está sempre mudando de idéia?

— Talvez você tenha gêmeos e, então, precisaremos de dois nomes.

— Não. Não haverá gêmeos.

— Uma menina?

— Pensei que você tivesse concordado comigo que Inês é o nome mais bonito do mundo.

— Rosa é mais bonito.

— Nick — dissera ela, então —, imagine que alguém está nos escutando falar tanta coisa ridícula, como duas crianças que acabaram de se apaixonar... A verdade é que nós temos tanto! Se belisque.

Sacco se beliscou e Rosa começou a chorar.

— Mas por que... por que está chorando?

— Estou muito feliz — dissera ela, muito simplesmente.

Sacco beijara-a e ela parara de chorar. Ficaram sentados durante mais algum tempo. Depois, regressaram por um campo de flores silvestres e Sacco colhera botões-de-ouro e margaridas, como uma criança, formando uma coroa de flores para cobrir o cabelo de Rosa. Em seguida, de mãos dadas, encaminharam-se para casa, onde, finalmente, descobriram Vanzetti sentado à sombra; e, de repente, ele, Sacco, foi dominado pelo fato de ter tantas riquezas, enquanto Vanzetti estava tão só, e pensou:

— Pobre Barto... pobre, pobre Barto.

Uma vez mais, a penetrante agonia do sofrimento atravessou-lhe os pensamentos. Sacco mergulhou os dentes na palma da mão, mordendo com força, na esperança de que uma dor eliminasse a outra. E foi através dessa nuvem de desespero que a voz de Vanzetti lhe chegou, a voz calma e até tranqüilizadora de Vanzetti, que o chamava:

– Nicola, Nicola, está me ouvindo? Nicola, você está acordado? Que está fazendo? Diga-me, meu amigo...

Sacco sentou-se na cama, afastando suas recordações e o passado, da mesma forma como se afasta um inimigo, e tentou responder no mesmo tom de voz que seu amigo usava, mas não conseguiu falar sem dor. Tudo o que pôde dizer foi:

– Estou aqui, Barto.

E um momento depois, em súbito pânico, acrescentou:

– Barto, que horas pensa que são? Que horas já são?

– Entre oito e nove horas, acho – respondeu Vanzetti, falando em italiano. – Não suficientemente cedo para nos torturarmos demais com a espera, mas, por outro lado, também não é tarde demais para abandonarmos as esperanças.

– Que esperanças tem você? – perguntou Sacco. – Eu já esgotei toda a minha capacidade de ter esperanças, Barto. Desta vez, sei que é o fim, e na verdade já nem me preocupo muito. Não quero esperar mais. Só quero que tudo termine depressa.

– Nicola, que maneira é essa de falar? – exclamou Vanzetti, quase brincando. – Teremos menos possibilidades do que alguém que tenha uma terrível doença? Para falar a verdade, acredito que as nossas são maiores. Nossa maior dificuldade é imaginar o que está acontecendo lá fora. Já começamos a pensar que estamos sozinhos. A solidão é nossa inimiga. Em vez disso, procure pensar no que estará acontecendo por toda parte, em quantas centenas de milhares de operários têm nosso nome na boca e que não permitirão nossa morte. Eu coloco minha vida nas mãos deles, Nicola. É por isso que estou tão calmo. Pode perceber pela minha voz como estou calmo, não pode? Essa é a razão. Há milhões apoiando-nos e defendendo-nos.

— Percebo a calma na sua voz, sim – concordou Sacco –, mas não a entendo.

— É muito simples de compreender. Tenho olhos muito bons e muito especiais e graças a eles posso ver através das pedras e do concreto desta prisão, posso ver o que está acontecendo. Quer saber uma coisa, Nicola? Um dia, haverá uma raça que recordará esta miserável e suja prisão da mesma forma como eu e você olharíamos para uma cabana de palha em que vivessem alguns selvagens do passado. Tenho olhos para ver isso claramente e compreensão para entender. Digo-lhe uma coisa, Nick, e não o digo só para aumentar nossa coragem, mas a verdade é que me sinto melhor agora do que quando vim para este país. Meus olhos eram mais jovens e não havia uma prisão à minha volta, mas eu nada via. Primeiramente, fui lavador de pratos num clube luxuoso de Nova York freqüentado só por ricos. Eu trabalhava 16 horas por dia no calor e na escuridão, lavando pratos, respirando a sujeira, o vapor e os horríveis cheiros que me rodeavam. Mas quando abria os olhos, eles nada viam. Desse trabalho para outros trabalhos – lavador de pratos, servente de pedreiro, varredor –, vendi meu corpo, minha juventude e minha força por 2 dólares por dia, 3 e até, Nick, acredite ou não, por 60 centavos por dia mais um prato de comida podre! Quando olhava ao redor, eu só via desespero. Havia grandes muros em volta de todos nós, muros mais altos e mais espessos do que os muros desta prisão. Eu nada via além deles. Mas agora meus olhos podem ver o futuro. Eu, Bartolomeo Vanzetti, não poderia viver para sempre, acontecesse o que acontecesse. Mais cedo ou mais tarde, teria de morrer. Mas desta forma você e eu, Nick, viveremos para sempre, e nossos nomes jamais serão esquecidos.

Em sua cela, o ladrão escutava, não compreendendo tudo o que era dito, mas entendendo uma frase aqui e ali através do seu português e do pouco italiano que falava e entendia. E como uma criança perguntou:

– E eu, Bartolomeo, onde estarei eu? Onde estarei eu no futuro?

– Pobre homem – disse Vanzetti. – Pobre homem.

Madeiros caminhou até a porta da sua cela e, agora, por sua vez, também suplicava:

– O que há para mim, Barto? Em toda a minha vida, jamais conheci duas criaturas como vocês. São as primeiras pessoas que me falam com simpatia e com decência, como se eu fosse um ser humano e não um animal. Mas que sentido faz isso, Barto? Desde o início, jamais tive uma possibilidade...

– É verdade. Desde o início, você nunca teve qualquer possibilidade de escapar...

– Costumo ouvir Sacco. Disse-me que tinha um jardim, e que se levantava todos os dias às quatro horas para cuidar do jardim. Eu escutava Sacco falar e ele descrevia para mim a imagem de um homem com os braços carregados de frutas recém-colhidas para dar àqueles que precisavam delas e não tinham dinheiro para comprá-las. Mas tudo o que eu colhi, Barto, foi palha seca e ervas daninhas.

– Que não foi você que semeou – disse Sacco. – Pobre ladrão... ervas daninhas que você nunca plantou.

– Então, vocês dois são meus amigos? – perguntou Madeiros.

– Que pergunta! – exclamou Vanzetti. – Não percebe como são as coisas entre nós três, Celestino? Estamos ligados por laços eternos. Dentro de poucas horas sairemos daqui e o mundo inteiro dirá: Sacco, Vanzetti e um ladrão morreram. Mas em alguns lugares, por este mundo, haverá homens que saberão, no fundo de seus corações, que três seres humanos foram executados. Assim devagarinho damos mais um passo para uma compreensão final.

– Mas – protestou Madeiros – eu sou culpado e vocês são inocentes. Se há um homem no mundo inteiro que sabe que vocês são inocentes, sou eu. Sou eu!

Agora Madeiros fora dominado pela própria emoção e pela paixão, começando a bater com os punhos na porta da cela, enquanto gritava com toda a força dos pulmões:

– Inocentes! Inocentes! Estão ouvindo? Inocentes! Há aqui dois homens que são inocentes! Eu sei! Eu sou Madeiros, ladrão e assassino! Eu estava sentado naquele carro em South Braintree! Eu participei do crime e sou cúmplice dos assassinos! Eu conheço os rostos e os nomes daqueles que mataram! Vocês estão assassinando homens inocentes!

– Calma, calma – pediu Vanzetti. – Calma, pobre rapaz. Para que serve isso? Fale numa voz mais suave e o mundo inteiro o escutará.

– E devagar, meu filho – disse Sacco. – Devagar e mais suavemente, como Barto pediu. Ouça Barto. Ele é um homem muito sábio, o mais sábio que conheci em toda a minha vida. Ele tem razão quando diz que se você falar suavemente, o mundo inteiro o escutará.

Madeiros parou de gritar, mas continuou encostado na porta da cela. Seus amargos soluços, sua dor, sua frustração e desesperada tristeza, tudo isso teve um efeito profundo nos homens que se encontravam nas celas ao lado da sua. Cada um deles se sentia como pai desse infeliz ladrão. Ambos pensavam da mesma maneira: pensavam num rapaz que nascera cego para o mundo e que não conseguira abrir os olhos. Os caminhos dos dois, eles próprios abriram, e agora, ao olharem para trás, cada um deles podia identificar, passo por passo, as pensadas e voluntárias ações que trouxeram o ladrão, finalmente, para aquela prisão.

Em resposta aos gritos de Madeiros, dois guardas acorreram, trazendo com eles um enfermeiro, mas Vanzetti disse-lhes que tudo estava bem e que podiam retirar-se.

– Gritando dessa maneira... – começou um dos guardas.

– Você também gritaria – interrompeu-o Vanzetti, falando duramente – se estivesse contando os minutos e os segundos que lhe restam de vida. Agora, deixe-nos em paz.

Sacco e Vanzetti começaram a conversar com Madeiros. Na meia hora seguinte, falaram-lhe, gentil e sabiamente, com grande preocupação. Madeiros dera-lhes, de certo modo, algo de precioso, já que, na preocupação que sentiam por ele, esqueceram-se durante alguns momentos de seus próprios e terríveis temores. Sacco falou de sua casa, de sua mulher e de seus dois filhos. Contou pequenas histórias divertidas sobre coisas insignificantes, como sobre a primeira vez que seu filho, Dante, sorrira e o que a gente sente quando vê um sorriso assim no rosto de uma criança com apenas 6 ou 7 semanas de idade.

– É como se a alma estivesse nascendo – disse a Madeiros. – É como se a alma estivesse escondida e, de repente, como uma planta regada num mundo de sol, suas pétalas se abrissem.

— E você acredita que os homens têm alma? – murmurou Madeiros.

Foi Vanzetti quem respondeu. Vanzetti estava repleto de sabedoria e de carinho. Na verdade, durante aqueles últimos dias, vivera muitas centenas de anos. Explicou a Madeiros há quanto tempo os homens tentavam responder a essa pergunta.

— Será o homem um animal? – perguntou, falando suavemente. – Meu filho, temos de compreender que em muitos casos aqueles que mais falam em Deus tratam seus semelhantes como se Deus fosse uma impossibilidade. Da maneira como eles tratam o homem, parece que este não tem alma, pois esse tratamento é, só por si, a prova disso. Mas pense, por outro lado, como nós três estamos tão ligados e em que espécie de situação. Aqui estamos nós, você, Madeiros, que cresceu na amarga miséria das ruas e dos becos de Providence. Você é um ladrão e matou homens. Mas também aqui, a seu lado, encontra-se Sacco, que é o melhor homem que conheci até hoje, um bom sapateiro, um bom trabalhador. E eu, Vanzetti, que tentei ser um líder dos meus companheiros de trabalho. Você poderia pensar que somos pessoas muito diferentes, mas quando examinamos bem as coisas, quando chegamos a esta situação, somos tão iguais quanto três ervilhas dentro de uma vagem. Temos uma alma que nos une aos três e que, depois, nos une a milhões de pessoas... e quando morrermos haverá uma facada no coração de toda a humanidade, um tal espasmo de dor que chego a chorar ao pensar nela. Dessa forma, ninguém morre jamais. Você entende, Celestino?

— Nem sei dizer quanto estou tentando entender – respondeu o ladrão. – Em toda a minha vida, jamais me esforcei tanto para compreender uma coisa.

— Celestino – disse Sacco –, eu nunca lhe perguntei antes, mas quero que me diga uma coisa. Quando fez sua confissão do crime de South Braintree, foi por saber que morreria de qualquer jeito por causa dos outros crimes e por nada ter a perder, ou foi por nossa causa?

— Primeiramente, li sobre vocês num dos jornais, e poderão imaginar quanto tempo pensei no assunto, tentando compreender por que razão eles estavam tão ansiosos por aplicar a vocês a pena de morte. Um dia, sua mulher veio visitá-lo e eu a vi, embora não muito bem. Foi então que disse a mim mesmo que faria alguma coisa para que Sacco não morresse. Quanto a mim, pouco me importava com o que pudesse me acontecer. Esta é a verdade. Talvez não haja em todo o mundo alguém que acreditasse em mim, nem mesmo minha própria mãe, se ainda vivesse. Mas estou falando a verdade. Se há na vida de um homem um momento em que este diz toda a verdade, simplesmente a verdade, este é o momento para isso. Por isso, digo-lhe que senti que talvez, com novo julgamento, eu não fosse considerado culpado de assassinato. Mas eu sabia que, uma vez que fizesse essa confissão sobre o que acontecera em South Braintree, tudo estaria perdido e eu teria de morrer. Sabia disso, mas tive de fazer a confissão, mesmo assim. Senti que tinha de confessar o que realmente aconteceu.

— Ah! – exclamou Vanzetti. – Você acaba de dizer algo de muito importante. Está escutando, meu amigo Nicola, está vendo como são as coisas? Que mais pode fazer um ser humano do que entregar sua vida por outro? É por isso que vamos morrer. Nós damos nossas vidas como reféns às classes trabalhadoras, mas que me diz de Madeiros? Olhe para o pobre Madeiros e pense no que ele fez. Madeiros deu sua vida por nós, simplesmente isso! Celestino, diga-me uma coisa. Por que fez isso?

— Sabem de uma coisa? — respondeu o ladrão, falando muito simplesmente. — Eu me fiz essa pergunta umas cem vezes. Não sei como explicar a resposta, como dizer o que aconteceu, mas a verdade é que, por vezes, sinto-a muito claramente, sem encontrar palavras que a expliquem.

16

Às nove horas o padre chegou. Por batismo, os três eram católicos, mas Sacco e Vanzetti já tinham afirmado que não desejavam esse tipo de ajuda. Assim, o padre veio apenas visitar Celestino Madeiros, ladrão e assassino, e o diretor levou-o para o corredor da morte, agora muito solitário e silencioso.

À medida que o relógio marcava os minutos e as horas finais de 22 de agosto, e que o momento da execução se aproximava, as pessoas ligadas a essa execução, fosse de que maneira fosse, iam sentindo essa mudança, essa irrevogável falta de tempo. Se, por um lado, causava um amargo endurecimento na estranha determinação do governador de Massachusetts, por outro lado também enfraquecia uma mãe chinesa, cujo marido era varredor nas ruas de Pequim — e suas lágrimas refletiam a angustiosa falta de tempo. Se o presidente dos Estados Unidos fora dormir tranqüilamente, sem o menor peso na consciência, por outro lado, um mineiro no Chile comia sombriamente seu pedaço de pão, sem o menor contentamento, sabendo apenas que seu coração estava cada vez mais angustiado. E na prisão estadual de Massachusetts as almas dos homens murchavam um pouco mais a cada hora que passava e seus rostos iam ficando mais cinzentos.

– Vou acompanhá-lo – disse o diretor ao padre. – Mas lhe digo uma coisa, padre, que não diria a mais ninguém. Este pequeno percurso é meu castigo, e não sinto a menor gratidão pelo destino que me tornou diretor desta prisão.

O padre começou a andar mais devagar para não passar adiante do homem que o acompanhava e que caminhava muito lentamente. O padre conhecia os vários caminhos da morte, os passos lentos, a cadência certa, a estranha e vagarosa dança ao som de uma música fúnebre. Estivera perto da morte em muitos lugares e em muitas ocasiões, mas este conhecimento, sempre crescente, não lhe dava maior intimidade com a morte. Esta não era sua amiga, e seu próprio medo não fora vencido com toda a sua experiência. Tudo o que ele aprendera em familiaridade tinha como contrapartida a verdadeira avaliação que ele era capaz de fazer do seu sombrio adversário; e agora, enquanto percorria os tão conhecidos e temíveis corredores da prisão estadual, analisava no seu espírito as possibilidades dessa invejável missão de conversão.

Ele sabia que já houvera felicidade, em lugares longínquos, para o triunfo de uma alma salva; mas, avançando por aqueles túneis de pedra, não conseguia visualizar a felicidade em radiantes lugares, se conseguisse obter a conversão de Sacco e Vanzetti ou de um ladrão. Ensaiou no espírito fragmentos de conversa que especulava poder ter com Sacco e Vanzetti. Mas, de cada vez, o padre retraía-se dessa possibilidade que ele próprio imaginara. Assim, após um debate consigo próprio, decidiu não se aventurar onde até os anjos receariam pisar e não tentar escalar as alturas que o separavam dos dois solitários radicais, para se concentrar, em vez disso, onde haveria menos resistência – na direção da alma do ladrão e assassino Celestino Madeiros.

O sentimento de culpa não o perseguiria por causa de sua decisão, pois não se tornara evidente que o pecado venal de Sacco e Vanzetti talvez estivesse além do perdão? Esses dois homens eram a extremidade da longa língua do dragão vermelho, o monstro peculiar desse padre, a fera, como ele agora via o monstro, que mastigava e dilacerava toda a doçura e a suculência da Europa.

Igual ou maior alegria surgiria, por certo, com a idéia de que um ladrão e assassino – crimes não tão ruins, com certeza, quanto os dos outros dois homens – se confessara e pedira a absolvição.

O padre, todavia, teria de ser insensível, na verdade, para não se recordar, enquanto caminhava com o diretor para o corredor da morte, do singular paralelo que aqui se apresentava: havia aqui dois homens que milhões amavam e que seriam crucificados; ao mesmo tempo, havia entre eles um ladrão que também morreria; e, por maior blasfêmia que isso pudesse constituir, o padre não podia deixar de comparar essa situação com a de Jesus Cristo – que também morrera pelo fato de o Estado assim o desejar e que também não estivera só na Sua agonia, estando acompanhado por dois ladrões. E assim pensando o padre disse para si mesmo:

– Bem, quem sabe se esse homem, Celestino Madeiros, não foi colocado com os outros dois com um objetivo e quem sabe se não estou sendo enviado aqui, à sua presença, com um propósito? E embora ignore o todo desse propósito, posso distinguir os contornos de um padrão, de um comportamento. Não sendo bispo, nem cardeal, seguirei o padrão, até onde ele me levar, sem tentar compreendê-lo.

Em seguida, voltou-se para o diretor e perguntou:

– Valerá a pena falar com Sacco e Vanzetti?

– Penso que não, padre, e não me parece que o senhor tenha esse direito.

– Então, minha missão será apenas com o ladrão – respondeu o padre, concordando.

Fez o restante do percurso em silêncio até alcançar as três celas. Lá, o ar estava tão carregado de inevitabilidade e tão carregado de desespero que o padre ficou bem perto do diretor, como se procurasse sua presença humana para se tranqüilizar. Seguindo-o até a porta da cela de Madeiros, onde o diretor disse:

– Celestino, trouxe um padre para que você converse com ele e se prepare para o fim, se, na realidade, esse fim tiver de ocorrer.

O sacerdote podia ver a simplicidade da cela de Madeiros. Havia uma cama, alguns livros e nada mais. Aqui, neste lugar, um homem deixava o mundo tão sem posses e tão despido quanto no momento em que viera a ele. O padre, olhando de lado, também viu um pouco das celas de Sacco e de Vanzetti, mas desviou logo o olhar, preparando-se para a tarefa que iria exigir toda a sua força.

Madeiros estava sentado na cama. Parecia bastante calmo, com a cabeça bem erguida, nem mesmo se voltando para a porta da cela, quando ouviu a voz do diretor. Ao observá-lo, o padre não sabia se ele tinha consciência de que já passava das nove horas ou se já perdera a noção do tempo e a esperança de continuar neste mundo. Se Madeiros sabia isso, a verdade é que não parecia demasiado perturbado, limitando-se a dizer com uma voz serena:

– Desejo agradecer-lhe e também ao padre, mas mande-o embora. Não o quero e não preciso dele.

— Ele tem estado assim o dia inteiro? — perguntou o padre, falando num murmúrio ao diretor. — Tão calmo e tão imperturbável?

— Não, não estava assim — respondeu o diretor, também em voz baixa, surpreendido pela atitude de Madeiros. — Isso é novidade. Esteve muito nervoso e deprimido desde esta manhã e, por vezes, até gritou de horror e de medo, da maneira como um porco guincha quando o primeiro golpe do martelo lhe diz que a morte começou.

— Bem, que faço, agora? — perguntou o padre.

— Pode falar com ele, se quiser — respondeu o diretor.

Como se luta contra a alma de um assassino?, perguntou-se o padre, em pensamento, pois jamais passara por isso. Como é que se entra em combate?

Depois, decidiu que faria a pergunta a Madeiros, tão simples e diretamente quanto Madeiros lhe respondera, dizendo-lhe:

— E por que razão não quer um padre, meu filho?

Madeiros ergueu a cabeça, olhou para a porta da cela e enfrentou o padre com um olhar tão límpido e fixo na sua profundidade que se cravou no padre como uma lança, fazendo-o cair da sua preciosa torre de probidade e de doutrina — para um nível em que o padre só via diante de si um rapaz que aguardava a morte sem o menor medo. A maravilha desse fato — que talvez seja a mais profunda e miraculosa de todas as maravilhas que este mundo tem para oferecer — penetrou o verniz do sofisma e a astuta argumentação com que o padre se armara e se cobrira desde a infância, e ao penetrar essa proteção tocou por um momento a alma do homem que havia debaixo da couraça. Então, o homem esperou por certa resposta e não ficou surpreendido quando ela chegou:

— Eu não quero um padre — disse Madeiros, falando lentamente, organizando suas palavras e seus pensamentos com grande dificuldade e grande sinceridade — porque ele pode trazer o medo consigo. Não tenho medo agora. Durante todo o dia, hoje e ontem, antes de ontem e o dia antes disso, tive medo. Morri vezes sem conta e, de cada vez que morria, sofria muito. O medo é a coisa mais terrível do mundo. Mas agora tenho aqui dois companheiros cujos nomes são Nicola Sacco e Bartolomeo Vanzetti, e eles falaram comigo e afastaram meu medo para longe. É por isso que não preciso de padre. Se não receio morrer, não receio qualquer coisa que haja depois da morte.

— Mas que poderiam eles ter-lhe dito? — perguntou o padre desesperadamente. — Podem dar-lhe a absolvição de Deus?

— Deram-me a absolvição do homem — respondeu Madeiros, falando tão simplesmente quanto uma criança.

— Não quer rezar comigo?

— Não tenho nada por que rezar. Encontrei dois amigos e eles ficarão comigo, enquanto eu estiver nesta Terra.

E com essas palavras Madeiros deitou-se na cama, colocando as mãos debaixo da cabeça e fechando os olhos. O padre não teve coragem de voltar a lhe falar. Assim, o diretor e o padre foram embora da mesma maneira como tinham vindo. Desta vez, porém, ao passar pelas celas de Sacco e Vanzetti, o padre olhou para eles e viu neles os homens que se haviam transformado numa nova lenda da Nova Inglaterra.

Agora, o padre caminhava com mais rapidez pelos túneis e corredores da prisão estadual. Mas, embora andasse depressa, conseguia controlar-se para que o diretor não soubesse que ele estava, de fato, fugindo. Por trás dele e fora do seu alcance, havia um mistério no corredor da morte que não só desafiava sua compreensão, como também ameaçava sua própria existência. Por isso fugia desse mistério.

17

O diretor estava contente por se ver livre do padre, finalmente, já que ainda havia muita coisa por fazer e já eram quase dez horas. Ninguém parecia compreender tudo o que havia numa execução, além do seu horror e, por vezes, quando estava com disposição para filosofar – e que diretor de prisão não sentia o mesmo? –, esse diretor contemplava as semelhanças que havia entre as suas funções e as de um diretor de uma grande e complexa agência funerária. Bem, tais semelhanças existiam, e nada daquilo era culpa sua, e, na verdade, se o fim da vida era cercado por mais rituais do que o início do processo, não era ele que podia mudar ou opor-se a isso.

Primeiramente, foi ao grande refeitório que havia perto do corredor da morte e que destinara para a imprensa. Ele já estava tomado pelos repórteres que tinham recebido convites especiais, fosse para presenciar a execução diretamente, fosse para estar bem perto se e quando ela ocorresse. O diretor conhecia o valor das relações com a imprensa e procurara prever todas as necessidades dos jornalistas, providenciando tudo aquilo de que pudessem precisar. O cheiro de café acabado de passar enchia a atmosfera do refeitório e havia montes de apetitosos sanduíches e um grande e fresco bolo de café. O diretor também providenciara a compra de mais de 10 quilos de frios, pois sentia que, além de ser necessário que alguém que comesse pão no interior daquela prisão percebesse que esse pão era de primeira qualidade e não cheio de vermes, mais importante ainda era satisfazer tantos membros juntos da imprensa, ali reunidos.

A companhia telefônica também se mostrara compreensiva e seis linhas especiais tinham sido instaladas naquele recinto, para que as notícias sobre os pormenores da execução pudessem ser transmitidas ao mundo, sem perda de tempo. E o diretor fizera com que houvesse suficiente papel e lápis para registrar quaisquer pensamentos ou fantasias que os jornalistas pudessem desejar manifestar. Era com certo sentido irônico que ele refletia sobre as circunstâncias que haviam levado, a ele, a sua prisão e a este local específico do velho Massachusetts, para o foco de atenção de todo o mundo; mas ele aceitara uma situação que não era de sua criação e, assim, decidira que a melhor coisa que alguém poderia fazer, em tais circunstâncias, era providenciar para que tudo corresse bem, sem problemas, sem quaisquer indesejáveis incidentes ou complicações.

Quando apareceu no refeitório, foi logo rodeado pelos repórteres e crivado de perguntas. Os repórteres queriam todos os pormenores que lhes pudesse dar – os nomes dos carcereiros e do restante do pessoal, o nome do médico da prisão, de todos aqueles, enfim, que estariam relacionados com a execução. Também perguntaram se ele estaria em contato com o gabinete do governador durante os últimos momentos antes da execução – para ter a certeza absoluta de que um adiamento não chegaria uma fração de minuto demasiado tarde para salvar a vida dos homens condenados. Queriam saber, além do mais, qual seria a ordem das execuções.

– Meus senhores, meus senhores – protestou o diretor. – Eu teria de passar a noite aqui com os senhores para responder a tantas perguntas. Mas ainda tenho muito que fazer. Todavia, destaquei alguns auxiliares para ficarem aqui, a serviço dos senhores, e lhes darem todas as informações que eu próprio poderia dar. Os senhores terão de compreender que somos apenas funcionários públicos que recebemos uma desagradável incumbência e que temos de cumpri-la. Não sou juiz, nem policial, mas apenas o diretor desta prisão. É claro que ficarei em contato permanente com o governador. Fiquei conhecendo bem esses homens e farei o que for possível para ajudá-los, dentro do que seja justo e legal. Quanto à ordem das execuções, será a seguinte: o primeiro a morrer será Celestino Madeiros; depois dele, será a vez de Nicola Sacco e, finalmente, a de Bartolomeo Vanzetti. Isso é tudo e é o melhor que posso fazer pelos senhores, por ora.

Os jornalistas agradeceram profusamente e ele nem mesmo se sentira um pouco orgulhoso pela maneira eficiente e imperturbável com que enfrentara a situação, não lhe tendo dado nem muita, nem pouca importância. Enquanto o diretor estava ocupado com a imprensa no refeitório, o médico da prisão, o eletricista, dois guardas e o barbeiro da prisão tinham-se encaminhado para o corredor da morte. Tal como o diretor, cada um deles estava dolorosamente ciente do significado de cada gesto e movimento que fazia. Mas, ao contrário do diretor, suas ações nada tinham a ver com a imprensa, mas sim com os três condenados em pessoa – e, assim, era natural que desejassem escapar às desagradáveis tarefas que lhes haviam sido destinadas. Juntamente com esse sentimento de vergonha e de infelicidade, talvez para se darem coragem, eles aumentavam sua própria importância num tão enorme acontecimento, especulando sobre como o descreveriam no dia seguinte. Cada um deles, contudo, sentia a necessidade de se desculpar com os três homens: os dois anarquistas e o ladrão. O barbeiro pedia desculpa, enquanto raspava as cabeças.

– Quer saber uma coisa? – disse a Vanzetti. – Minha maior infelicidade é ter de fazer este trabalho, neste lugar. Mas que posso fazer?

– Nada – tranqüilizou-o Vanzetti, falando como se para o consolar. – É o seu trabalho, e tem de executá-lo. Que mais há a dizer?

– Eu desejaria poder dizer alguma coisa que o ajudasse um pouco – insistiu o barbeiro.

Depois de ter terminado com Vanzetti, o barbeiro disse ao eletricista que a experiência não fora tão ruim quanto poderia ter sido e que esse homem, Vanzetti, era sem sombra de dúvida fora do comum e de muito discernimento.

Sacco, por sua vez, não pronunciou uma única palavra, e quando o barbeiro fez uma tentativa para puxar conversa, Sacco olhou para ele de modo estranho e as palavras do barbeiro morreram-lhe na garganta, mesmo antes de serem pronunciadas.

Com Madeiros, o barbeiro teve uma sensação completamente diferente. Ele era como uma criança e sua tranqüilidade foi quase apavorante para o barbeiro. Já fora da cela, no corredor, murmurou alguma coisa aos guardas sobre essa tranqüilidade, mas eles encolheram os ombros e indicaram que Madeiros era "biruta", apontando significativamente para a porta da câmara de execução.

O eletricista observou os guardas trocarem as roupas dos prisioneiros por uma outra, especial, fabricada apenas para tais ocasiões. E os condenados vestiram essas roupas de baixo e, depois, os ternos pretos da morte, roupas essas que usariam na curta distância entre as três celas e a cadeira elétrica. Quando vestia esse horrível terno, Vanzetti disse suavemente:

— E assim, o noivo está vestido! Um Estado previdente dá-me roupas quentes e manda um barbeiro raspar minha cabeça. Estranhamente, o medo desapareceu. Tudo o que sinto agora é ódio.

Vanzetti falou em italiano e os guardas não compreenderam o que ele dissera, mas o barbeiro entendeu e fez a tradução dessas palavras para o médico da prisão, que as afastou com o cinismo profissional com que tal homem precisa se armar.

Competia ao eletricista abrir as pernas das calças e as mangas do paletó daqueles ternos da morte. O eletricista fez isso sombriamente, amaldiçoando-se, a si e ao seu destino, que aqui o trouxera para fazer tal serviço. Em dado momento, quando tocou na pele de Vanzetti, este se afastou rapidamente, olhando o eletricista com desprezo e, depois, levantando os olhos, com o mesmo ódio, para os guardas que observavam o trabalho do eletricista.

— E isso é um serviço – disse Vanzetti, com sua voz tão dura e áspera quanto uma lima. – Vocês aceitam fazer isso e em todas as épocas haverá outros como vocês. Mesmo se houvesse um Deus, Ele não teria compaixão pelos eunucos que se tornam os servidores da morte. A verdade é que tudo o que eu desejava era morrer lutando. Em vez disso, são vocês e seus semelhantes que me reservaram. Mas agora não me toquem mais!

O barbeiro traduziu de novo, mas o médico da prisão disse:

– Bem, que esperava você? Não se pode fazer nada de pior a uma pessoa do que matá-la. Se quer falar, você não pode impedi-lo. Não me venha com mais histórias sobre o que ele diz em italiano. Ele pode dizer tudo o que quiser.

Os guardas fecharam de novo as portas, deixando em cada cela um homem vestido de preto. Madeiros em nada mudara. Nas suas roupas pretas, estava calmamente sentado, tal como antes; mas Nicola Sacco estava de pé passando a mão pelas novas roupas e olhando-as estranhamente. Vanzetti ficara perto da porta, com seu rosto visível além da grade. Havia ódio no seu rosto e o sangue latejava nas veias com uma batida dura e regular. A vida corria pelo seu corpo. Estava cheio de vida e os músculos de seus braços endureceram e ficaram mais tensos quando começou a apertar as barras de ferro. Ele recordava os momentos da sua vida sem arrependimento, sem tristeza, mas sim com uma crescente ira, cada vez mais feroz. Viu-se vivendo sua despreocupada e feliz infância numa aldeia italiana, num lugar banhado de sol. Viu a mãe, de novo sentindo sua tépida e suave carne contra seu próprio rosto quando ela o beijava. Viu-a doente e esvaindo-se, enquanto ele se ajoelhava a seu lado, não a abandonando nem por um minuto, procurando transmitir-lhe alguma da sua própria enorme corrente de vida. Já então ele começava a ter uma compreensão dessa grande disposição para a vida e para a luta que havia dentro dele. Era como um poço do qual se podia retirar sempre mais água e beber, beber e beber, até que a sede de todos em sua volta fosse saciada – o que não matava, contudo, sua própria sede.

A Itália morreu com sua mãe. Ele viu-se, então, partindo da velha e bucólica vida que construíra em torno da mãe. Trabalho e luta – trabalho para o pão seco da vida e uma feroz fome dentro de si para a consumir; isso se tornou Bartolomeo Vanzetti, sua vida, sua existência e o profundo significado da sua existência. Ele não era como Sacco. Era um homem nascido para as águas turvas e tempestuosas da existência – mas também nascera para superá-las. Agora, não podia se entregar. Todo o seu corpo dizia que a rendição era impossível, da mesma forma como a morte era impossível e inaceitável – teria de haver uma saída, outro passo à frente, outra palavra pronunciada, outro desafio lançado! A vida era a resposta à vida; a morte não era a resposta à vida. A morte era um monstro, o deus sujo, sombrio e assustador que seus inimigos adoraram. Ele desafiava a morte com o ódio, com a ira, com a raiva. A vida estava ligada a ele – e, pela mesma razão, ele estava ligado à vida. E, agora, suas palavras e seus pensamentos eram idênticos.

– Preciso viver... entendem? Preciso viver! O meu trabalho apenas começou. A luta tem de continuar. Preciso viver e ser parte da luta. Não morrerei! Não posso morrer...

O médico da prisão foi apresentar-se ao diretor, para lhe comunicar que estava tudo em ordem, e o diretor subiu em uma das mesas do refeitório e chamou a atenção dos repórteres, dizendo:

– Tal como era necessário, meus senhores, já preparamos os prisioneiros para a execução. Isto é, tomamos as medidas habituais de mudar suas roupas e de lhes raspar a cabeça. Só resta pouco mais de uma hora para o momento que o governador deste estado marcou para a execução, momento esse que começa à meia-noite. Durante os minutos que separam as onze horas da meia-noite, teremos de testar de novo a fiação elétrica que transmitirá a carga de eletricidade. Se durante esse tempo virem as luzes diminuírem de repente, saberão que esse teste está sendo realizado. Irei agora para meu gabinete a fim de telefonar para o governador e de tomar medidas para que quaisquer futuras mensagens do governador me sejam entregues imediatamente.

18

Assim, a última hora chegou, a hora entre as onze e a meia-noite, a hora antes de o dia terminar e, juntamente com o dia, também terminavam muitas coisas, esperanças e sonhos, uma fé na vontade do povo de obter justiça. Nessa última hora, houve milhares de seres humanos que, no seu cansado silêncio, compreenderam que o fato de desejar, rezar, pedir ou acreditar não significa, necessariamente, que tal coisa aconteça.

Durante essa última hora, as fileiras de manifestantes em volta do parlamento aumentaram e houve até sugestões de uma marcha para a prisão. Mas para a gente que caminhava nessa procissão já se tornara claro e evidente que tal aventura nada poderia mudar, nem alterar a inevitabilidade do que ia acontecer. De vez em quando, o governador corria um pouco as cortinas de uma das janelas do seu gabinete e olhava para as fileiras que o cercavam, mas a verdade era que já se habituara a ver aquela massa humana marchando lá embaixo, não se emocionando mais.

Em Londres, ainda não eram cinco da manhã, e a vigília da morte, naquela cidade, caminhara no seu círculo fechado durante toda a noite. Agora, os rostos dos mineiros, dos trabalhadores das indústrias têxteis e dos estivadores britânicos estavam cinzentos e exaustos pela longa vigília. E quando a informação de que esta era a última hora antes do fim correu de boca em boca, um suspiro pareceu emanar de todos esses corpos cansados e seus ombros caídos curvaram-se um pouco mais numa resignação e num reconhecimento da barreira que o tempo e a distância lhes impunha.

No Rio de Janeiro, era entre uma e duas horas da manhã, e uma multidão crescente amontoava-se no espaço que havia diante da embaixada dos Estados Unidos, soltando um desafio e um apelo – gritando com uma voz que parecia certo que os céus deviam refletir o eco na distância, até mesmo na distância a que se encontrava a cidade de Boston, em Massachusetts.

Em Moscou, os trabalhadores estavam saindo de suas casas para irem para as fábricas. Aqui e ali, formavam grandes aglomerações em volta das paredes onde eram fixados os jornais da manhã e a pergunta era murmurada de pessoa a pessoa:

– Que horas são agora em Boston?

Muitos trabalhadores enxugaram os olhos e tossiram; mas outros choravam abertamente – da mesma forma como o povo francês chorava, no fim de uma longa noite passada diante da embaixada dos Estados Unidos.

Em Varsóvia, o primeiro brilho da manhã já surgia, e nessa cidade as manifestações tinham sido proibidas e dispersadas. Em Varsóvia, muitos trabalhadores, movendo-se silenciosamente e como fantasmas durante toda a noite, acabavam de colar os últimos de seus cartazes ilegais, convocando o povo para um esforço final em defesa de Sacco e Vanzetti.

Na distante cidade de Sidney, na Austrália, era o meio da tarde. Os estivadores abandonaram seus ganchos e suas cordas e marchavam pela cidade em direção à embaixada dos Estados Unidos, entoando sua feroz exigência de que parte de suas próprias vidas não lhes fosse retirada com as vidas de um bom sapateiro e de um pobre peixeiro.

Em Bombaim, os *coolies* mal haviam iniciado seu turno numa grande fábrica de algodão quando um deles saltou para cima de uma máquina, tão ágil quanto um acrobata, e gritou:

— Agora devemos colocar no chão nossas ferramentas durante uma hora, a última hora, para honrar dois companheiros que vão morrer!

Em Tóquio, a polícia afastou com violência os trabalhadores que haviam tomado posição diante da embaixada dos Estados Unidos. Em Tóquio era meio-dia e a pergunta, em todos os lugares, por todos os bairros da classe trabalhadora, era passada de pessoa em pessoa – havendo muitos desses trabalhadores que soluçaram sem a menor vergonha. Se o som do choro tivesse sido captado e gravado, poderia ter sido classificado como um vago som que vinha do mundo inteiro. E a verdade é que nunca, durante todo o tempo da presença humana na Terra, houvera algo assim – algo tão espalhado, tão comum e tão consistente na raça humana.

Em Nova York, a Union Square continuava repleta de gente silenciosa, que juntava suas lágrimas, agora, às lágrimas de muitos milhões mais. Os boletins de informação circulavam entre essa gente, de minuto a minuto, e os homens e as mulheres que se aglomeravam na praça encostavam-se mais uns nos outros, tocando-se ombros e mãos para que se sentissem mais armados e se preparassem para a invasão por este sombrio e terrível desconhecido, este senhor da morte, que estava levando preciosa parte de suas próprias vidas, juntamente com as vidas de dois trabalhadores e de um ladrão.

Em Denver, Colorado, eram duas horas mais cedo – e isso talvez desse à população um sentimento de uma possível mudança. O mesmo acontecia em São Francisco, onde eram, agora, entre oito e nove horas da noite. Os homens e as mulheres marchavam enfurecidos, mas nos escritórios locais da Comissão de Defesa de Sacco–Vanzetti ainda havia a ansiosa e desesperada atividade que também se estava verificando em Denver. Por todos os Estados Unidos da América, em mais de uma dúzia de cidades, havia esses centros de defesa da causa de Sacco e Vanzetti – por vezes, um escritório alugado, outras vezes, apenas uma mesa de trabalho e, outras, um canto da sala de uma família que fora cedido para esse propósito; mas, estivessem esses centros onde estivessem, as pessoas reuniam-se com o sentimento e a esperança de, ao formarem um solidário e compacto grupo de humanidade, poderem aumentar seu número e fortalecer-se para conseguir algumas vantagens na causa desses homens que eram como seus irmãos.

Um grande e sombrio manto descera sobre a cidade de Boston e não havia um só homem, mulher ou criança que não tivesse a profunda consciência, por vezes mortal, daquilo que ia ocorrer na prisão estadual. Na pequena península de Charlestown, a prisão brilhava com uma luz intensa e os guardas agachavam-se nervosamente detrás de suas metralhadoras. As tropas estaduais e a polícia patrulhavam cada centímetro dos muros da prisão e policiais à paisana passeavam incessantemente pelas ruas que rodeavam a prisão. Para essa gente aquilo que estava acontecendo em todo o mundo e também em Boston permanecia um enorme mistério – não podiam descobrir sequer uma pista que lhes explicasse por que a agonia desses dois odiados radicais estava sendo compartilhada por tão grande parte da humanidade. A explicação oficial era que esses homens haviam sido usados pelos comunistas para objetivos dos comunistas; mas a reação já era tão ampla que essa explicação não podia ser a expressão da verdade, tendo-se destruído por si própria e deixando no seu lugar apenas uma pergunta sem palavras – formulada, mas não respondida – nos lábios daqueles cuja necessidade era odiar dois italianos condenados e desejar ardentemente seu fim. Para aqueles que estavam ligados intimamente à defesa de Sacco e Vanzetti, a última hora transformou-se numa espécie de inferno. Não é possível dizer quantos haviam dedicado suas vidas à procura da justiça para Sacco e Vanzetti, mas somavam, por certo, através dos muitos continentes, centenas de milhares – e cada uma dessas pessoas carregava sua própria cruz durante essa última hora. Uma delas era o professor. Em virtude da necessidade que sentia de companhia, da proximidade de outros da sua espécie, juntara-se de novo aos manifestantes. Agora, marchava pelos minutos que ainda o separavam da morte de Nicola Sacco e Bartolomeo Vanzetti. Enquanto esses minutos se escoavam, o professor tentava compreender a verdadeira natureza do drama em que se encontrava. Não podia, tal como a gente trabalhadora de Boston e de todas as outras partes do mundo, responder às perguntas com base apenas numa simples e verdadeira identidade entre ele e Sacco e Vanzetti. Seu processo de inteligência e consciência tinha de ser, necessariamente, mais complicado, mais tortuoso e menos facilmente satisfeito. Da mesma forma como sucedia com todos os homens, a imagem dos anos futuros era-lhe negada e ele não podia ver que acontecimentos iriam se verificar ou qual seria seu papel nesses acontecimentos. Todavia, já podia compreender a proposição comum que afirmava que aqueles que se sentam nos tronos dos poderosos são diferentes da gente simples e da gente oprimida. Também já compreendera que as questões de poder não são decididas pela oração, mas, apesar disso, procurava fugir às inevitáveis conclusões a que esses pensamentos o levavam. Sabia que se os milhões que desejavam a liberdade de Sacco e Vanzetti, nem que fossem apenas os dos Estados Unidos, se reunissem num único e unido movimento, nenhuma força lhes poderia resistir; mas também sabia que sua visão de tal movimento não era inteiramente desejada ou inteiramente aprovada, encontrando-se, no seu espírito, misturada com profundos receios e confusas apreensões.

Alguns desses receios eram relacionados aos muitos dos simples trabalhadores que marchavam na manifestação.

Que sentirão eles?, indagava-se o professor. Em que estarão pensando? Como seus rostos são severos e sólidos! Parecem não sentir a menor emoção, mas devem estar extraordinariamente emocionados, pois é suficiente olhar para as mulheres carregando suas crianças nos braços, para os homens, que marcham há horas sem demonstrar o menor sinal de cansaço ou de desânimo, para chegar a essa conclusão. Deve haver algo especial na sua dor que os trouxe a esta fúnebre marcha. Que poderá ser? Que pensarão eles? E, depois, o professor acrescentou, ainda em pensamento: "É estranho, mas nunca me preocupei com o que tais homens e tais mulheres pensam. Agora, quero saber. Quero conhecer as ligações tão especiais que há entre eles e Sacco e Vanzetti; quero saber o que me faz sentir medo."

A verdade, contudo, era que seu medo tinha mais do que uma fonte e mais de uma direção. O terrível frio da morte cercava-lhe o coração quando ele pensava no que Sacco e Vanzetti teriam de enfrentar dentro em pouco; mas havia outro gelo, outro medo que o tocava quando ele contemplava os sombrios e indignados rostos dos manifestantes à sua volta. Então, não conseguiu evitar pensar em si próprio:

– Que aconteceria se essa gente despertasse? Essa gente e muitos milhões mais... que aconteceria se despertassem e dissessem que Sacco e Vanzetti não iam morrer? Que aconteceria, então? Qual seria minha posição?

Na prisão, a hora final já terminava e o momento chegara para o primeiro dos três homens. Tratava-se de Celestino Madeiros, ladrão e assassino, e o carcereiro da prisão e dois guardas foram à sua cela e fizeram-lhe um sinal. Madeiros já os esperava e, silenciosamente e com surpreendente dignidade, tomou seu lugar entre os dois guardas e caminhou com eles os 13 passos que separavam sua cela da câmara de execução. Quando entrou na sala, Madeiros parou por um momento e deixou seus olhos passarem pelos rostos de todo o público ali reunido. Mais tarde, alguns dos presentes disseram que uma expressão de revolta iluminara seu rosto, mas a maioria afirmou que ele estava impassível quando se sentou na cadeira elétrica. O sinal foi dado e 2 mil volts de eletricidade foram enviados através de seu corpo. As luzes da prisão diminuíram de intensidade e, depois, voltaram à sua força normal. Celestino Madeiros estava morto.

O segundo a morrer era Nicola Sacco. Tal como Madeiros, ele caminhou com uma dignidade simples, a qual, após o comportamento do primeiro condenado, espalhou um frio de horror entre o público. Não era normal, nem razoável, que dois homens caminhassem para a morte daquela maneira, mas era o que estava acontecendo.

Sacco não disse uma palavra. Com grande calma e dignidade aproximou-se da cadeira elétrica e sentou-se. Ficou olhando para a frente, enquanto ligavam os eletrodos. As luzes diminuíram e, um segundo depois, ele estava morto.

O último foi Bartolomeo Vanzetti. Agora, o processo já quase se tornara um desafio para os funcionários e os representantes da imprensa que ali estavam para observar e escrever algo sobre a execução. Após o silêncio que acompanhara a morte de Sacco, houve um suspiro bem sonoro que se elevou do público e, em seguida, um murmúrio incessante sobre o que Vanzetti faria. Sussurravam palavras entre si, para se prepararem para sua entrada na câmara da morte, mas, por mais que murmurassem palavras de interrogação ou de certezas, jamais poderiam ter antecipado sua atitude e sua grandeza, semelhante à de um leão, quando ele entrou na câmara da execução, ou a dignidade com que os olhou. O domínio de si próprio, sua calma, seu comando da situação era mais do que aqueles jornalistas podiam suportar, por mais duros e experientes que fossem, por mais armados da coragem necessária para presenciar a execução de três homens. Ele penetrou suas defesas. Olhou-os com uma expressão que poderia ser descrita como de julgamento e pronunciou, lenta e calmamente, as palavras que decidira dizer:

– Desejo dizer-lhes que sou inocente. Jamais cometi o menor crime, alguns pequenos pecados, talvez, mas nunca um crime...

Aqueles homens eram jornalistas experientes, endurecidos pela vida, mas, ainda assim, suas gargantas contraíram-se e muitos começaram a chorar silenciosamente. Nunca lhes ocorreu deter as lágrimas por estarem apenas chorando por dois radicais italianos que eram supostamente alheios a toda a cultura dos Estados Unidos. Isso nunca lhes passou pela cabeça. Alguns fecharam os olhos e outros desviaram o olhar – e, então, as luzes diminuíram, e quando voltaram à intensidade habitual, Bartolomeo Vanzetti estava morto.

Epílogo

Naquele tempo, havia na cidade de Boston um clube conhecido pelo nome de Athenaeum, e a esse clube só pertenciam aqueles cujos nomes estavam ligados ao passado da cidade, com os dias de Emerson e de Thoreau há muito passados. Homens como o presidente da universidade, que foi o juiz final de Sacco e Vanzetti, exerciam poderosa influência nesse clube – um lugar em que jamais ingressara um estrangeiro, um membro de qualquer geração recente, um judeu ou um negro.

Na manhã seguinte à execução, no dia 23 de agosto de 1927, uma folha de papel foi encontrada entre as páginas de cada jornal e revista que havia na sala de leitura do clube. E em cada uma dessas folhas de papel havia as seguintes palavras:

Neste dia, Nicola Sacco e Bartolomeo Vanzetti, sonhadores da fraternidade do homem, que esperavam poder encontrar na América, foram levados a uma cruel morte pelos filhos daqueles que há muito tempo fugiram para esta terra de esperança e de liberdade.

fim

ATENDIMENTO AO LEITOR E VENDAS DIRETAS

Você pode adquirir os títulos da BestBolso através do Marketing Direto do Grupo Editorial Record.

- Telefone: (21) 2585-2002
  (de segunda a sexta-feira, das 8h30 às 18h)
- E-mail: mdireto@record.com.br
- Fax: (21) 2585-2010

Entre em contato conosco caso tenha alguma dúvida, precise de informações ou queira se cadastrar para receber nossos informativos de lançamentos e promoções.

Nossos sites:
www.edicoesbestbolso.com.br
www.record.com.br

EDIÇÕES BESTBOLSO

Alguns títulos publicados

1. *Spartacus*, Howard Fast
2. *Baudolino*, Umberto Eco
3. *O diário de Anne Frank*, Otto H. Frank e Mirjam Pressler
4. *O pastor*, Frederick Forsyth
5. *O negociador*, Frederick Forsyth
6. *O poderoso chefão*, Mario Puzo
7. *A casa das sete mulheres*, Leticia Wierchowski
8. *O primo Basílio*, Eça de Queirós
9. *Mensagem*, Fernando Pessoa
10. *O grande Gatsby*, F. Scott Fitzgerald
11. *Suave é a noite*, F. Scott Fitzgerald
12. *O silêncio dos inocentes*, Thomas Harris
13. *Pedro Páramo*, Juan Rulfo
14. *Toda mulher é meio Leila Diniz*, Mirian Goldenberg
15. *Pavilhão de mulheres*, Pearl S. Buck
16. *Uma mente brilhante*, Sylvia Nasar
17. *O príncipe das marés*, Pat Conroy
18. *O homem de São Petersburgo*, Ken Follett
19. *Robinson Crusoé*, Daniel Defoe
20. *Acima de qualquer suspeita*, Scott Turow
21. *Fim de caso*, Graham Greene
22. *O poder e a glória*, Graham Greene
23. *As vinhas da ira*, John Steinbeck
24. *A pérola*, John Steinbeck
25. *O cão de terracota*, Andrea Camilleri
26. *Ayla, a filha das cavernas*, Jean M. Auel
27. *A valsa inacabada*, Catherine Clément
28. *O príncipe e o mendigo*, Mark Twain
29. *O pianista*, Władysław Szpilman
30. *Doutor Jivago*, Boris Pasternak

EDIÇÕES
BestBolso

Este livro foi composto na tipologia Minion, em
corpo 10,5/13, e impresso em papel off-set 63g/m² no Sistema
Cameron da Divisão Gráfica da Distribuidora Record.